PAULO FREIRE

A IMPORTÂNCIA DO
ATO DE LER

em três artigos que se completam

52ª edição
3ª reimpressão

© 2021 by Paulo Freire

© **Direitos para esta publicação exclusiva**
CORTEZ EDITORA
Rua Monte Alegre, 1074 – Perdizes
05014-001 – São Paulo – SP
Tel.: (11) 3864-0111 Fax: (11) 3864-4290
cortez@cortezeditora.com.br
www.cortezeditora.com.br

Direção
José Xavier Cortez

Editor
Amir Piedade

Preparação
Alessandra Biral

Revisão
Alexandre Ricardo da Cunha
Gabriel Maretti
Rodrigo da Silva Lima

Edição de Arte
Mauricio Rindeika Seolin

Capa
Vivian Lobenwein

Ilustração de Paulo Freire na capa
Natan

Obra em conformidade ao
Novo Acordo Ortográfico da Língua Portuguesa

Dados Internacionais de Catalogação na Publicação (CIP)
(Câmara Brasileira do Livro, SP, Brasil)

Freire, Paulo, 1921-1997
　A importância do ato de ler: em três artigos que se completam / Paulo Freire. – 52. ed. – São Paulo: Cortez, 2021.

　ISBN 978-65-5555-130-3

　1. Alfabetização de adultos – São Tomé e Príncipe 2. Leitura – Estudo e ensino (Educação de adultos) – São Tomé e Príncipe I. Título.

21-77431　　　　　　　　　　　CDD-374.0120966994

Índices para catálogo sistemático:
1. São Tomé e Príncipe: Alfabetização de adultos: Educação 374.0120966994

Cibele Maria Dias – Bibliotecária – CRB-8/9427

Impresso no Brasil – julho de 2025

Com Álvaro de Faria, Álvaro Vieira Pinto
e Ernani Maria Fiori experimentei, no Chile,
em tempo de exílio, momentos de intensa
criatividade. Aos três, fraternalmente.

Paulo Freire
São Paulo, junho de 1982.

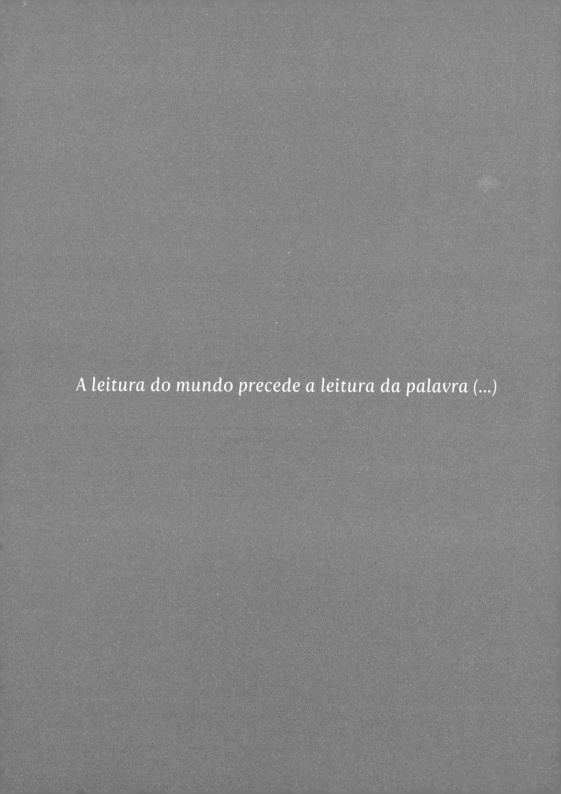

A leitura do mundo precede a leitura da palavra (...)

"A velha casa, seus quartos, seu corredor, seu sótão, seu terraço – o sítio das avencas de minha mãe –, o quintal amplo em que se achava, tudo isso foi o meu primeiro mundo. Nele engatinhei, balbuciei, me pus de pé, andei, falei. Na verdade aquele mundo especial se dava a mim como o mundo de minhas atividades perceptíveis e por isso mesmo como o mundo de minhas primeiras leituras. Os "textos", as "palavras', as "letras" daquele contexto... se encarnavam numa série de coisas, de objetos, de sinais, cuja compreensão eu ia aprendendo no meu trato com eles, nas minhas relações com meus irmãos mais velhos e com meus pais. (...) A decifração da palavra fluía naturalmente da "leitura" do mundo particular (...)

Fui alfabetizado no chão do quintal de minha casa, à sombra das mangueiras, com palavras do meu mundo e não do mundo maior dos meus pais. O chão foi o meu primeiro quadro negro; gravetos, o meu giz."

Paulo Freire

SUMÁRIO

Prefácio à edição do centenário de nascimento de Paulo Freire: A importância do ato de ler na perspectiva da dodiscência por Moacir Gadotti, 11

Prefácio à 1ª edição por Antônio Joaquim Severino, 21

Apresentação, 27

A importância do ato de ler, 33

Alfabetização de adultos e bibliotecas populares — uma introdução, 55

O povo diz a sua palavra ou a alfabetização em São Tomé e Príncipe, 81

Posfácio: Freirear por Terezinha Azerêdo Rios, 157

Biografia de Paulo Freire, 167

Prefácio à edição do centenário de nascimento de Paulo Freire: A importância do ato de ler na perspectiva da dodiscência

por Moacir Gadotti

A importância do ato de ler na perspectiva da dodiscência

A Cortez Editora tem uma relação particular com Paulo Freire. Por isso, gostaria de começar este prefácio homenageando José Xavier Cortez com palavras de Paulo Freire. Cortez tem acompanhado o desenvolvimento do Instituto Paulo Freire desde sua criação. Nosso primeiro grande projeto conjunto foi a publicação, em 1996, do livro *Paulo Freire: uma biobibliografia*, com 765 páginas, depois de cinco anos de estudos e pesquisas, resultando numa obra básica de referência do legado freiriano.

Esse livro foi lançado no dia 25 de abril de 1996, no Teatro Tuca, da PUC-SP. Visivelmente emocionado, Paulo Freire falou da "gostosura" daquela experiência, da "ternura desta festa", agradeceu ao editor José Xavier Cortez e aos autores do livro e discorreu sobre

Recife, sobre a trajetória da *Pedagogia do oprimido*, reinventando-se com o tempo, sobre o neoliberalismo que "cismou acabar com o sonho e a utopia", dizendo ao final: "Minhas amigas e meus amigos, eu não queria terminar esta fala sem agradecer a tantas pessoas que me ajudaram e tornaram possível que eu fizesse certas coisas. Mas eu quero salientar aqui um agradecimento pessoal que faço ao Gadotti, que, com uma equipe pequena, conseguiu realizar um trabalho que não apenas está muito bom em forma, mas é um trabalho sério, feito por ele e a equipe. Quero agradecer ao grande número de pessoas que entraram neste trabalho. Quero agradecer à Cortez por ter editado este livro. Eu disse recentemente, no Recife e em Fortaleza, que, se o país tiver sensibilidade, reconhecimento, amor e o sentimento do agradecimento corajoso e leal, Cortez vai virar nome de instituição no País todo. Tenho Cortez como editor e também como amigo".

Uma merecida homenagem a José Xavier Cortez, que relembro aqui, neste ano em que celebramos o centenário de Paulo Freire. Esta é uma nova edição, comemorativa, de um livro de Paulo Freire. Temos razões para comemorar Paulo Freire, nosso grande amigo, que deixou marcas profundas em muitas pessoas e profissionais de diferentes áreas, não apenas pelas suas ideias, mas, sobretudo, pelo seu compromisso ético--político. Muitas das mensagens recebidas no Instituto Paulo Freire, em São Paulo, logo depois do dia 2 de maio de 1997, data de seu falecimento, dizem textualmente: "Minha vida não seria a mesma se eu não tivesse lido a obra de Paulo Freire... o que ele escreveu ficará no meu coração e na minha mente".

Nesta importante data, a Cortez Editora celebra Freire lançando uma edição comemorativa de um de seus livros. É assim que honramos um autor: relendo sua obra. Neste prefácio, proponho aos leitores e leitoras uma releitura de *A importância do ato de ler* na perspectiva da dodiscência, um neologismo criado por Paulo Freire em seu livro *Pedagogia da autonomia*. Ao apresentar o livro *A importância do ato de ler*, Paulo Freire destaca que seu esforço fundamental era o de explicitar a compreensão do ato de ler a partir da sua experiência, uma percepção crítica da leitura e da escrita, em consonância com sua forma de ser. Uma leitura da palavra que implica a leitura da realidade, como se estivesse fazendo a "arqueologia" de sua compreensão do complexo ato de ler.

Quando ele destaca que está em consonância com a sua forma de ser, temos que mencionar que ele foi docente, gestor, pesquisador, professor, educador, um leitor incansável da realidade. Foi um pedagogo que escreveu muitas pedagogias e que nos deixou, em seu último livro, um conceito que revolucionou a compreensão da formação docente: dodiscência.

A leitura da obra de Paulo Freire sempre nos reserva novas surpresas. Dediquei grande parte da minha vida lendo livros dele e sobre ele. Desde o início, fiquei intrigado com o conceito de dodiscência. E, com o tempo, fui aprofundando a compreensão do seu real significado ao estabelecer a relação entre esse conceito e o conjunto de sua obra. A dodiscência é a expressão de algo muito maior.

Fui descobrindo, aos poucos, o quanto essa categoria epistemológica perpassa toda a sua obra, desde seus primeiros escritos. Daí a centralidade desse conceito na obra de Paulo Freire.

A dodiscêcia é um conceito-chave para entender a pedagogia freiriana. Ela está ancorada numa antropologia que concebe o ser humano como um ser em construção, portanto, inacabado, e numa teoria do conhecimento decorrente dessa antropologia. O ciclo gnosiológico e pedagógico se completa com um método de conhecimento, uma nova concepção da relação professor-aluno e da formação dos docentes-discentes. A força e a justeza dessa intuição original de Freire foram comprovadas pela aceitação de seus leitores e leitoras que viram em suas ideias uma coerência radical em seu constructo gnosiológico-político-pedagógico.

Paulo Freire introduz o tema da dodiscência sustentando que a docência e a discência, ao lado da pesquisa, são indissociáveis, "indicotomizáveis", na expressão dele, um não está separado do outro. Ao ser produzido, o conhecimento novo supera outro que antes foi novo e se fez velho e se "dispõe" a ser ultrapassado por outro amanhã. Daí que seja tão fundamental descobrir o conhecimento existente quanto saber que estamos abertos e aptos à produção do conhecimento ainda não existente.

Portanto, a conclusão a que chego é que precisamos, na formação docente, de uma pedagogia da dodiscência, isto é, de uma teoria da formação docente que dê conta dessa indissociabilidade. O foco não pode estar num dos polos da relação, mas na própria relação. Portanto, é preciso compreender a formação inicial e continuada do docente sob a ótica da não dicotomizabilidade docente-discente. O tema da formação do educador na perspectiva da pedagogia da autonomia aponta para outra pedagogia, a pedagogia da dodiscência. O conceito de dodiscência rompe com a tradição elitista da docência como uma relação de mando e subordinação, propondo uma relação dialógica entre iguais e diferentes, onde professor e aluno são sujeitos de um mesmo processo de ensinar e aprender, no qual o ensinar "jamais se dá separado do aprender".

Ler e escrever a palavra não se dá, na visão de Paulo Freire, fora da leitura e da escrita do mundo. No ciclo gnosiológico freiriano encontramos a superação do conhecimento como algo apenas individual para se tornar coletivo. Em sua teoria do conhecimento, encontramos um sujeito individual e um sujeito social dialeticamente envolvidos no mesmo processo de construção.

O projeto freiriano é um projeto exigente. Ele coloca em questão os paradigmas hegemônicos de ensino-aprendizagem e, com eles, o conceito de currículo e avaliação. Daí a necessidade de ler *A importância do ato de ler* no conjunto de sua obra, dedicada ao entendimento da educação como um processo de emancipação humana e de construção de outro mundo possível.

Moacir Gadotti
Presidente de Honra do Instituto Paulo Freire
São Paulo, julho de 2021

Prefácio à 1ª edição

por Antônio Joaquim Severino

O presente livro de Paulo Freire constitui-se em uma palestra sobre a importância do ato de ler em uma comunicação sobre as relações da biblioteca popular com a alfabetização de adultos e em um artigo que expõe a experiência de alfabetização de adultos desenvolvida pelo autor e sua equipe em São Tomé e Príncipe.

Não é preciso apresentar Paulo Freire aos leitores deste livro; Paulo Freire, mesmo durante os longos anos de exílio, sempre esteve entre nós, pela mediação de seu testemunho de educador universal, dimensão a que acedeu ao se comprometer politicamente com a tarefa da recuperação da humanidade do oprimido. Pouco importa onde se encontra o oprimido, pouco importa sua nacionalidade: o que está em causa é a dignidade da pessoa humana, que, na opressão ou na libertação, atinge uma dimensão de universalidade.

Ao fazer a apresentação deste trabalho, gostaria de dizer aos leitores que ele volta a reafirmar os traços mais significativos do pensamento de Paulo Freire. No seu estilo acessível e dialogante, Paulo Freire nos envolve numa relação diferente, inserindo-nos em um verdadeiro "círculo de cultura", onde nos sentimos participando, enquanto sujeitos, de uma experiência real. Ao mesmo tempo, seu pensamento se reapresenta qual testemunho renovado de sua profunda compreensão do significado da educação no contexto da existência social e individual dos homens.

É trabalhando a temática da leitura, discutindo sua importância, explicitando a compreensão crítica da alfabetização e do papel de uma biblioteca popular, relatando e documentando suas experiências de alfabetização e de educação política que Paulo Freire produz sua obra, pensando e repensando sua própria prática, sua vivência pessoal. Isto porque a leitura da palavra é sempre precedida da leitura do mundo.

E aprender a ler, a escrever, alfabetizar-se é, antes de mais nada, aprender a ler o mundo, compreender o seu contexto, não numa manipulação mecânica de palavras, mas numa relação dinâmica que vincula linguagem e realidade. Ademais, a aprendizagem da leitura e a alfabetização são atos de educação e educação é um ato fundamentalmente político. Paulo Freire reafirma a necessidade de que educadores e educandos se posicionem criticamente ao vivenciarem a educação, superando as posturas ingênuas ou "astutas", negando de vez a pretensa neutralidade da educação. Projeto comum e tarefa solidária de educandos e educadores, a educação deve ser vivenciada como uma prática concreta de libertação e de construção da história. E aqui devemos ser todos sujeitos, solidários nesta tarefa conjunta, único caminho para a construção de uma sociedade na qual não existirão mais exploradores e explorados, dominantes doando sua palavra opressora a dominados.

Antônio Joaquim Severino
São Paulo, agosto de 1982.

Apresentação

Há quase onze anos este livrinho tinha sua primeira edição. De lá para cá, suas reimpressões se sucederam indicando a importância de seu tema e o interesse crescente do público leitor. A insistência com que vem sendo procurado durante todo este tempo provoca em mim duas satisfações que não podem ser separadas. A de brasileiro, por ver como a temática da leitura e não apenas a do *texto* mas também a do *contexto*, é cada vez mais seriamente estudada, debatida, ao lado da questão a ela visceralmente ligada — a da alfabetização. Como brasileiro por vir percebendo que o interesse em torno da temática vem, preponderantemente, buscando abarcá-la e entendê-la do ponto de vista cintífico e estético mas também do ponto de vista ético e político.

Em sociedade que exclui dois terços de sua população e que impõe ainda profundas injustiças à grande parte do terço para o qual funciona, é urgente que a questão da leitura e da escrita seja vista enfaticamente sob o ângulo da luta política a que a compreensão científica do problema traz sua colaboração.

Confesso que minhas preocupações com a contribuição de Piaget, de Luria, de Vygotsky, de Emilia Ferreiro, de Madalena F. Weffort, de Esther Grossi, de Magda Soares, de Catherine Walsh, de Marisa Lajolo, de Ezequiel Theodoro da Silva e de tantos e tantas outras se fundam, sobretudo, no que estas contribuições me ajudam a ajudar a luta política necessária à superação dos obstáculos impostos às classes populares para que leiam e escrevam.

É um absurdo que estejamos chegando ao fim do século, fim de milênio, ostentando os índices de analfabetismo, os índices dos que e das que, mal alfabetizados, estão igualmente proibidos de ler e de escrever, o número alarmante de crianças interditadas de ter escolarização e que com isso tudo convivamos quase como se estivéssemos anestesiados.

Como autor, sou dono de outra alegria que, na verdade, como salientei antes, não se separa da anterior de que falei, a de brasileiro.

Nenhum autor *com boa saúde* pode se sentir mal por ter um livro seu tão insistentemente procurado, tão *fraternalmente* sempre recebido quando uma nova impressão sua chega às livrarias.

A prova da presença viva de seu livro anima, desafia e aquece a vontade de vida do autor, sua paixão por continuar dizendo coisas e "pronunciando o mundo".

Paulo Freire
São Paulo, janeiro de 1993.

A importância do ato de ler

A importância do ato de ler foi trabalho apresentado na abertura do Congresso Brasileiro de Leitura, realizado em Campinas, em novembro de 1981.

Rara tem sido a vez, ao longo de tantos anos de prática pedagógica, por isso política, em que me tenho permitido a tarefa de abrir, de inaugurar ou de encerrar encontros ou congressos.

Aceitei fazê-lo agora, da maneira porém menos formal possível. Aceitei vir aqui para falar um pouco da importância do ato de ler.

Me parece indispensável, ao procurar falar de tal importância, dizer algo do momento mesmo em que me preparava para aqui estar hoje; dizer algo do processo em que me inseri enquanto ia escrevendo este texto que agora leio, processo que envolvia uma compreensão crítica do ato de ler, que não se esgota na decodificação pura da palavra escrita ou da linguagem escrita, mas que se antecipa e se alonga na inteligência do mundo. A leitura do mundo precede a leitura da palavra, daí que a posterior leitura desta não possa prescindir da continuidade da leitura daquele. Linguagem e realidade se prendem dinamicamente. A compreensão do texto a ser alcançada por sua leitura crítica implica a percepção das relações entre o texto e o contexto. Ao ensaiar escrever sobre a importância do ato de ler, eu me senti levado — e até gostosamente — a "reler" momentos fundamentais de minha prática, guardados na memória, desde as experiências mais remotas de minha infância, de minha adolescência, de minha mocidade, em que a compreensão crítica da importância do ato de ler se veio em mim constituindo.

Ao ir escrevendo este texto, ia "tomando distância" dos diferentes momentos em que o ato de ler se veio dando na minha experiência existencial. Primeiro, a "leitura" do mundo, do pequeno mundo em que me movia; depois, a leitura da palavra que nem sempre, ao longo de minha escolarização, foi a leitura da "palavramundo".

A retomada da infância distante, buscando a compreensão do meu ato de "ler" o mundo particular em que me movia — e até onde não sou traído pela memória —, me é absolutamente significativa. Neste esforço a que me vou entregando, re-crio, e re-vivo, no texto que escrevo, a experiência vivida no momento em que ainda não lia a palavra. Me vejo então na casa mediana em que nasci, no Recife, rodeada de árvores, algumas delas como se fossem gente, tal a intimidade entre nós — à sua sombra brincava e em seus galhos mais dóceis à minha altura eu me experimentava em riscos menores que me preparavam para riscos e aventuras maiores.

A velha casa, seus quartos, seu corredor, seu sótão, seu terraço — o sítio das avencas de minha mãe —, o quintal amplo em que se achava, tudo isso foi o meu primeiro mundo. Nele engatinhei, balbuciei, me pus de pé, andei, falei. Na verdade, aquele mundo especial se dava a mim como o mundo de minha atividade perceptiva, por isso mesmo como o mundo de minhas primeiras leituras. Os "textos", as "palavras" as "letras" daquele contexto — em cuja percepção me experimentava e, quanto mais o fazia, mais aumentava a capacidade de perceber — se encarnavam numa série de coisas, de objetos, de sinais, cuja compreensão eu ia apreendendo no meu trato com eles nas minhas relações com meus irmãos mais velhos e com meus pais.

Os "textos", as "palavras", as "letras" daquele contexto se encarnavam no canto dos pássaros — o do sanhaçu, o do olha-pro-caminho-quem-vem, o do bem-te-vi, o do sabiá; na dança das copas das árvores sopradas por fortes ventanias que anunciavam tempestades, trovões, relâmpagos; as águas da chuva brincando de geografia: inventando lagos, ilhas, rios, riachos. Os "textos", as "palavras", as "letras" daquele contexto se encarnavam também no assobio do vento, nas nuvens do céu, nas suas cores, nos seus movimentos; na cor das folhagens, na forma das folhas, no cheiro das flores — das rosas, dos jasmins —, no corpo das árvores, na casca dos frutos. Na tonalidade diferente de cores de um mesmo fruto em momentos distintos: o verde da manga-espada verde, o verde da manga-espada inchada; o amarelo-esverdeado da mesma manga amadurecendo, as pintas negras da manga mais além de madura. A relação entre estas cores, o desenvolvimento do fruto, a sua resistência à nossa manipulação e o seu gosto. Foi nesse tempo, possivelmente, que eu, fazendo e vendo fazer, aprendi a significação da ação de amolegar.

Daquele contexto faziam parte igualmente os animais: os gatos da família, a sua maneira manhosa de enroscar-se nas pernas da gente, o seu miado, de súplica ou de raiva; Joli, o velho cachorro negro de meu pai, o seu mau humor toda vez que um dos gatos incautamente se aproximava demasiado do lugar em que se achava comendo e que era seu — "estado de espírito", o de Joli, em tais momentos, completamente diferente do de quando quase desportivamente perseguia, acuava e matava um dos muitos timbus responsáveis pelo sumiço de gordas galinhas de minha avó.

Daquele contexto — o do meu mundo imediato — fazia parte, por outro lado, o universo da linguagem dos mais velhos, expressando as suas crenças, os seus gostos, os seus receios, os seus valores. Tudo isso ligado a contextos mais amplos que o do meu mundo imediato e de cuja existência eu não podia sequer suspeitar.

No esforço de re-tomar a infância distante, a que já me referi, buscando a compreensão do meu ato de ler o mundo particular em que me movia, permitam-me repetir, re-crio, re-vivo, no texto que escrevo, a experiência vivida no momento em que ainda não lia a palavra. E algo que me parece importante, no contexto geral de que venho falando, emerge agora insinuando a sua presença no corpo destas reflexões. Me refiro a meu medo das almas penadas cuja presença entre nós era permanente objeto das conversas dos mais velhos, no tempo de minha infância. As almas penadas precisavam da escuridão ou da semiescuridão para aparecer, das formas mais diversas — gemendo a dor de suas culpas, gargalhando zombeteiramente, pedindo orações ou indicando esconderijos de botijas. Ora, até possivelmente os meus sete anos, o bairro do Recife onde nasci era iluminado por lampiões que se perfilavam, com certa dignidade, pelas ruas. Lampiões elegantes que, ao cair da noite, se "davam" à vara mágica de seus acendedores. Eu costumava acompanhar, do portão de minha casa, de longe, a figura magra do "acendedor de lampiões" de minha rua, que vinha vindo, andar ritmado, vara iluminadora ao ombro, de lampião a lampião, dando luz à rua. Uma luz precária, mais precária do que a que tínhamos dentro de casa. Uma luz muito mais tomada pelas sombras do que iluminadora delas.

Não havia melhor clima para peraltices das almas do que aquele. Me lembro das noites em que, envolvido no meu próprio medo, esperava que o tempo passasse, que a noite se fosse, que a madrugada semiclareada viesse chegando, trazendo com ela o canto dos passarinhos "manhecedores".

Os meus temores noturnos terminaram por me aguçar, nas manhãs abertas, a percepção de um sem--número de ruídos que se perdiam na claridade e na algazarra dos dias e que eram misteriosamente sublinhados no silêncio fundo das noites.

Na medida, porém, em que me fui tornando íntimo do meu mundo, em que melhor o percebia e o entendia na "leitura" que dele ia fazendo, os meus temores iam diminuindo.

Mas, é importante dizer, a "leitura" do meu mundo, que me foi sempre fundamental, não fez de mim um menino antecipado em homem, um racionalista de calças curtas. A curiosidade do menino não iria distorcer-se pelo simples fato de ser exercida, no que fui mais ajudado do que desajudado por meus pais. E foi com eles, precisamente, em certo momento dessa rica experiência de compreensão do meu mundo imediato, sem que tal compreensão tivesse significado malquerenças ao que ele tinha de encantadoramente misterioso, que eu comecei a ser introduzido na leitura da palavra. A decifração da palavra fluía naturalmente da "leitura" do mundo particular. Não era algo que se estivesse dando superpostamente a ele. Fui alfabetizado no chão do quintal de minha casa, à sombra das mangueiras, com palavras do meu mundo e não do mundo maior dos meus pais. O chão foi o meu quadro-negro; gravetos, o meu giz.

Por isso é que, ao chegar à escolinha particular de Eunice Vasconcelos, cujo desaparecimento recente me feriu e me doeu e a quem presto agora uma homenagem sentida, já estava alfabetizado. Eunice continuou e aprofundou o trabalho de meus pais. Com ela, a leitura da palavra, da frase, da sentença, jamais significou uma ruptura com a "leitura" do mundo. Com ela, a leitura da palavra foi a leitura da "palavramundo".

Há pouco tempo, com profunda emoção, visitei a casa onde nasci. Pisei o mesmo chão em que me pus de pé, andei, corri, falei e aprendi a ler. O mesmo mundo — primeiro mundo que se deu à minha compreensão pela "leitura" que dele fui fazendo. Lá, re-encontrei algumas das árvores da minha infância. Reconheci-as sem dificuldade. Quase abracei os grossos troncos — os jovens troncos de minha infância. Então, uma saudade que eu costumo chamar de mansa ou de bem-comportada, saindo do chão, das árvores, da casa, me envolveu cuidadosamente. Deixei a casa contente, com a alegria de quem re-encontra gente querida.

Continuando neste esforço de "re-ler" momentos fundamentais de experiências de minha infância, de minha adolescência, de minha mocidade, em que a compreensão crítica da importância do ato de ler se veio em mim constituindo através de sua prática, retomo o tempo em que, como aluno do chamado curso ginasial, me experimentei na percepção crítica dos textos que lia em classe, com a colaboração até hoje recordada, do meu então professor de língua portuguesa.

Não eram, porém, aqueles momentos puros exercícios de que resultasse um simples dar-nos conta da existência de uma página escrita diante de nós que devesse ser cadenciada, mecânica e enfadonhamente "soletrada", em vez de realmente *lida*. Não eram aqueles momentos "lições de leitura", no sentido tradicional desta expressão. Eram momentos em que os textos se ofereciam à nossa inquieta procura, incluindo a do então jovem professor José Pessoa.

Algum tempo depois, como professor também de Português, nos meus vinte anos, vivi intensamente a importância do ato de ler e de escrever, no fundo indicotomizáveis, com alunos das primeiras séries do então chamado curso ginasial. A regência verbal, a sintaxe de concordância, o problema da crase, o sinclitismo pronominal, nada disso era reduzido por mim a tabletes de conhecimentos que devessem ser engolidos pelos estudantes. Tudo isso, pelo contrário, era proposto à curiosidade dos alunos de maneira dinâmica e viva, no corpo mesmo de textos, ora de autores que estudávamos, ora deles próprios, como objetos a serem desvelados e não como algo parado, cujo perfil eu descrevesse. Os alunos não tinham que memorizar mecanicamente a descrição do objeto, mas apreender a sua significação profunda. Só apreendendo-a seriam capazes de saber, por isso, de memorizá-la, de fixá-la. A memorização mecânica da descrição do objeto não se constitui em conhecimento do objeto. Por isso é que a leitura de um texto, tomado como pura descrição de um objeto, é feita no sentido de memorizá-la, nem é real leitura, nem dela portanto resulta o conhecimento do objeto de que o texto fala.

Creio que muito de nossa insistência, enquanto professoras e professores, em que os estudantes "leiam", num semestre, um sem-número de capítulos de livros, reside na compreensão errônea que às vezes temos do ato de ler. Em minha andarilhagem pelo mundo, não foram poucas as vezes em que jovens estudantes me falaram de sua luta às voltas com extensas bibliografias a serem muito mais "devoradas" do que realmente lidas ou estudadas. Verdadeiras "lições de leitura" no sentido mais tradicional desta expressão, a que se achavam submetidos em nome de sua formação científica e de que deviam prestar contas através do famoso controle de leitura. Em algumas vezes cheguei mesmo a ler, em relações bibliográficas, indicações em torno de que páginas deste ou daquele capítulo de tal ou qual livro deveriam ser lidas: "Da página 15 à 37".

A insistência na quantidade de leituras sem o devido adentramento nos textos a serem compreendidos, e não mecanicamente memorizados, revela uma visão mágica da palavra escrita. Visão que urge ser superada.

A mesma, ainda que encarnada deste outro ângulo, que se encontra, por exemplo, em quem escreve, quando identifica a possível qualidade de seu trabalho, ou não, com a quantidade de páginas escritas. No entanto, um dos documentos filosóficos mais importantes de que dispomos, *As teses sobre Feuerbach*, de Marx, tem apenas duas páginas e meia...

Parece importante, contudo, para evitar uma compreensão errônea do que estou afirmando, sublinhar que a minha crítica à magicização da palavra não significa, de maneira alguma, uma posição pouco responsável de minha parte com relação à necessidade que temos, educadores e educandos, de ler, sempre e seriamente, os clássicos neste ou naquele campo do saber, de nos adentrarmos nos textos, de criar uma disciplina intelectual, sem a qual inviabilizamos a nossa prática enquanto professores e estudantes.

Dentro ainda do momento bastante rico de minha experiência como professor de Língua Portuguesa, me lembro, tão vivamente quanto se ela fosse de agora e não de um ontem bem remoto, das vezes em que demorava na análise de textos de Gilberto Freyre, de Lins do Rego, de Graciliano Ramos, de Jorge Amado. Textos que eu levava de casa e que ia lendo com os estudantes, sublinhando aspectos de sua sintaxe estreitamente ligados ao bom gosto de sua linguagem. Àquelas análises juntava comentários em torno de necessárias diferenças entre o português de Portugal e o português do Brasil.

Venho tentando deixar claro, neste trabalho em torno da importância do ato de ler — e não é demasiado repetir agora —, que meu esforço fundamental vem sendo o de explicitar como, em mim, aquela importância vem sendo destacada. É como se eu estivesse fazendo a "arqueologia" de minha compreensão do complexo ato de ler, ao longo de minha experiência existencial. Daí que tenha falado de momentos de minha infância, de minha adolescência, dos começos de minha mocidade e termine agora re-vendo, em traços gerais, alguns dos aspectos centrais da proposta que fiz no campo da alfabetização de adultos há alguns anos.

Inicialmente me parece interessante reafirmar que sempre vi a alfabetização de adultos como um ato político e um ato de conhecimento, por isso mesmo, como um ato criador. Para mim seria impossível engajar-me num trabalho de memorização mecânica dos ba-be-bi-bo-bu, dos la-le-li-lo-lu. Daí que também não pudesse reduzir a alfabetização ao ensino puro da palavra, das sílabas ou das letras. Ensino em cujo processo o alfabetizador fosse "enchendo" com suas palavras as cabeças supostamente "vazias" dos alfabetizandos. Pelo contrário, enquanto ato de conhecimento e ato criador, o processo da alfabetização tem, no alfabetizando, o seu sujeito. O fato de ele necessitar da ajuda do educador, como ocorre em qualquer relação pedagógica, não significa dever a ajuda do educador anular a sua criatividade e a sua responsabilidade na construção de sua linguagem escrita e na leitura desta linguagem. Na verdade, tanto o alfabetizador quanto o alfabetizando, ao pegarem, por exemplo, um objeto, como faço agora com o que tenho entre os dedos, sentem o objeto, percebem o objeto sentido e são capazes de expressar verbalmente o objeto sentido e percebido. Como eu, o analfabeto é capaz de sentir a caneta, de perceber a caneta e de dizer caneta. Eu, porém, sou capaz de não apenas sentir a caneta, de perceber a caneta, de dizer caneta, mas também de escrever caneta e, consequentemente, de ler caneta. A alfabetização é a criação ou a montagem da expressão escrita da expressão oral. Esta montagem não pode ser feita pelo educador para ou sobre o alfabetizando. Aí tem ele um momento de sua tarefa criadora.

Creio desnecessário me alongar mais, aqui e agora, sobre o que tenho desenvolvido, em diferentes momentos, a propósito da complexidade deste processo. A um ponto, porém, referido várias vezes neste texto, gostaria de voltar, pela significação que tem para a compreensão crítica do ato de ler e, consequentemente, para a proposta de alfabetização a que me consagrei. Refiro-me a que a leitura do mundo precede sempre a leitura da palavra e a leitura desta implica a continuidade da leitura daquele. Na proposta a que me referi acima, este movimento do mundo à palavra e da palavra ao mundo está sempre presente. Movimento em que a palavra dita flui do mundo mesmo através da leitura que dele fazemos. De alguma maneira, porém, podemos ir mais longe e dizer que a leitura da palavra não é apenas precedida pela leitura do mundo mas por uma certa forma de "escrevê-lo" ou de "reescrevê-lo", quer dizer, de transformá-lo através de nossa prática consciente.

Este movimento dinâmico é um dos aspectos centrais, para mim, do processo de alfabetização. Daí que sempre tenha insistido em que as palavras com que organizar o programa da alfabetização deveriam vir do universo vocabular dos grupos populares, expressando a sua real linguagem, os seus anseios, as suas inquietações, as suas reivindicações, os seus sonhos. Deveriam vir carregadas da significação de sua experiência existencial e não da experiência do educador. A pesquisa do que chamava de universo vocabular nos dava assim as palavras do Povo, grávidas de mundo. Elas nos vinham através da leitura do mundo que os grupos populares faziam. Depois, voltavam a eles, inseridas no que chamava e chamo de codificações, que são representações da realidade.

A palavra tijolo, por exemplo, se inseriria numa representação pictórica, a de um grupo de pedreiros, por exemplo, construindo uma casa. Mas, antes da devolução, em forma escrita, da palavra oral dos grupos populares, a eles, para o processo de sua apreensão e não de sua memorização mecânica, costumávamos desafiar os alfabetizandos com um conjunto de situações codificadas de cuja decodificação ou "lcitura" resultava a percepção crítica do que é cultura, pela compreensão da prática ou do trabalho humano, transformador do mundo. No fundo, esse conjunto de representações de situações concretas possibilitava aos grupos populares uma "leitura" da "leitura" anterior do mundo, antes da leitura da palavra.

Esta "leitura" mais crítica da "leitura" anterior menos crítica do mundo possibilitava aos grupos populares, às vezes em posição fatalista em face das injustiças, uma compreensão diferente da sua indigência.

É neste sentido que a leitura crítica da realidade, dando-se num processo de alfabetização ou não e associada sobretudo a certas práticas claramente políticas de mobilização e de organização, pode constituir-se num instrumento para o que Gramsci chamaria de ação contra-hegemônica.

Concluindo estas reflexões em torno da importância do ato de ler, que implica sempre percepção crítica, interpretação e "re-escrita" do lido, gostaria de dizer que, depois de hesitar um pouco, resolvi adotar o procedimento que usei no tratamento do tema, em consonância com a minha forma de ser e com o que posso fazer.

Finalmente, quero felicitar os idealizadores e os organizadores deste Congresso. Nunca, possivelmente, temos necessitado tanto de encontros como este, como agora.

Paulo Freire
12 de novembro de 1981.

Alfabetização de adultos
e bibliotecas populares —
uma introdução

Alfabetização de adultos e bibliotecas populares — uma introdução, palestra apresentada no XI Congresso Brasileiro de Biblioteconomia e Documentação, realizado em João Pessoa, em janeiro de 1982.

As minhas primeiras palavras são de agradecimento às idealizadoras e organizadoras deste Congresso por me terem convidado para dele participar, falando em torno de um tema que a mim sempre me interessou.

Falar de alfabetização de adultos e de bibliotecas populares é falar, entre muitos outros, do problema da leitura e da escrita. Não da leitura de palavras e de sua escrita em si próprias, como se lê-las e escrevê-las não implicasse uma outra leitura, prévia e concomitante àquela, a leitura da realidade mesma.

A compreensão crítica da alfabetização, que envolve a compreensão igualmente crítica da leitura, demanda a compreensão crítica da biblioteca.

Ao falar, porém, de uma visão crítica, autenticando-se numa prática da mesma forma crítica da alfabetização, reconheço e não só reconheço, mas sublinho a existência de uma prática oposta e de uma compreensão também, que, em ensaio há muito tempo publicado, chamei de ingênua.[1]

Seria enfadonho insistir aqui, exaustivamente, em pontos referidos em outras oportunidades em que tenho discutido o problema da alfabetização. De qualquer maneira, contudo, me parece importante, mesmo correndo o risco necessário de repetir-me um pouco, tentar aclarar ou reaclarar o que venho chamando de prática e compreensão críticas da alfabetização, em oposição à ingênua e à "astuta". Idênticas as duas últimas do ponto de vista objetivo, distinguem-se, porém, quanto à subjetividade de seus agentes.

O mito da neutralidade da educação, que leva à negação da natureza política do processo educativo e a tomá-lo como um quefazer puro, em que nos engajamos a serviço da humanidade entendida como uma

---

1. Freire, Paulo. "A Alfabetização de Adultos — Crítica de sua visão ingênua, compreensão de sua visão crítica". In: *Ação cultural para a liberdade e outros escritos*. 5. ed. Rio de Janeiro: Paz e Terra, 1981.

abstração, é o ponto de partida para compreendermos as diferenças fundamentais entre uma prática ingênua, uma prática astuta e outra crítica.

Do ponto de vista crítico, é tão impossível negar a natureza política do processo educativo quanto negar o caráter educativo do ato político. Isto não significa, porém, que a natureza política do processo educativo e o caráter educativo do ato político esgotem a compreensão daquele processo e deste ato. Isto significa ser impossível, de um lado, como já salientei, uma educação neutra, que se diga a serviço da humanidade, dos seres humanos em geral; de outro, uma prática política esvaziada de significação educativa. Neste sentido é que todo partido político é sempre educador e, como tal, sua proposta política vai ganhando carne ou não na relação entre os atos de denunciar e de anunciar. Mas é neste sentido também que, tanto no caso do processo educativo quanto no do ato político, uma das questões fundamentais seja a clareza em torno de *a favor de quem e do quê*, portanto *contra quem e contra o quê*, fazemos a educação e de *a favor de quem e do quê*, portanto *contra quem e contra o quê*, desenvolvemos a atividade política. Quanto mais ganhamos esta clareza através da prática, tanto mais percebemos a impossibilidade de separar o inseparável: a educação da política. Entendemos então, facilmente, não ser possível pensar, sequer, a educação, sem que se esteja atento à questão do poder.

Não foi, por exemplo — costumo sempre dizer —, a educação burguesa a que criou ou enformou a burguesia, mas a burguesia que, chegando ao poder, teve o poder de sistematizar a sua educação. Os burgueses, antes da tomada do poder, simplesmente não poderiam esperar da aristocracia no poder que pusesse em prática a educação que lhes interessava. A educação burguesa, por outro lado, começou a se constituir, historicamente, muito antes mesmo da tomada do poder pela burguesia. Sua sistematização e generalização é que só foram viáveis com a burguesia como classe dominante e não mais contestatória.

Mas se, do ponto de vista crítico, não é possível pensar sequer a educação sem que se pense a questão do poder; se não é possível compreender a educação como uma prática autônoma ou neutra, isto não significa, de modo algum, que a educação sistemática seja uma pura reprodutora da ideologia dominante. As relações entre a educação enquanto subsistema e o sistema maior são relações dinâmicas, contraditórias e não mecânicas. A educação reproduz a ideologia dominante, é certo, mas não faz apenas isto. Nem mesmo em sociedades altamente modernizadas, com classes dominantes realmente competentes e conscientes do papel da educação, ela é apenas reprodutora da ideologia daquelas classes. As contradições que caracterizam a sociedade como está sendo penetram a intimidade das instituições pedagógicas em que a educação sistemática se está dando e alteram o seu papel ou o seu esforço reprodutor da ideologia dominante.

Na medida em que compreendemos a educação, de um lado, reproduzindo a ideologia dominante, mas, de outro, proporcionando, independentemente da intenção de quem tem o poder, a negação daquela ideologia (ou o seu desvelamento) pela confrontação entre ela e a realidade (como de fato está sendo e não como o discurso oficial diz que ela é), realidade vivida pelos educandos e pelos educadores, percebemos a inviabilidade de uma educação neutra. A partir deste momento, falar da impossível neutralidade da educação já não nos assusta ou intimida. É que o fato de não ser o educador um agente neutro não significa, necessariamente, que deve ser um manipulador. A opção realmente libertadora nem se realiza através de uma prática manipuladora nem tampouco por meio de uma prática espontaneísta. O espontaneísmo é licencioso, por isso irresponsável. O que temos de fazer então, enquanto educadoras ou educadores, é aclarar, assumindo a nossa opção, que é política, e sermos coerentes com ela, na prática.

A questão da coerência entre a opção proclamada e a prática é uma das exigências que educadores críticos se fazem a si mesmos. É que sabem muito bem que não é o discurso o que ajuíza a prática, mas a prática que ajuíza o discurso.

Nem sempre, infelizmente, muitos de nós, educadoras e educadores que proclamamos uma opção democrática, temos uma prática em coerência com o nosso discurso avançado. Daí que o nosso discurso, incoerente com a nossa prática, vire puro palavreado. Daí que, muitas vezes, as nossas palavras "inflamadas", porém contraditadas por nossa prática autoritária, entrem por um ouvido e saiam pelo outro — os ouvidos das massas populares, cansadas, neste país, do descaso e do desrespeito com que há quatrocentos e oitenta anos vêm sendo tratadas pelo arbítrio e pela arrogância dos poderosos.

Um outro ponto que me parece interessante sublinhar, característico de uma visão crítica da educação, portanto da alfabetização, é o da necessidade que temos, educadoras e educadores, de viver, na prática, o reconhecimento óbvio de que nenhum de nós está só no mundo. Cada um de nós é um ser no mundo, com o mundo e com os outros. Viver ou encarnar esta constatação evidente, enquanto educador ou educadora, significa reconhecer nos outros — não importa se alfabetizandos ou participantes de cursos universitários; se alunos de escolas do primeiro grau ou se membros de uma assembleia popular — o direito de dizer a sua palavra. Direito deles de falar a que corresponde o nosso dever de escutá-los. De escutá-los corretamente, com a convicção de quem cumpre um dever e não com a malícia de quem faz um favor para receber muito mais em troca. Mas, como escutar implica falar também, ao dever de escutá-los corresponde o direito que igualmente temos de falar a eles. Escutá-los no sentido acima referido é, no fundo, *falar com eles*, enquanto simplesmente falar a eles seria uma forma de não ouvi-los. Dizer-lhes sempre a nossa palavra, sem jamais nos expormos e nos oferecermos à deles, arrogantemente convencidos de que estamos aqui para salvá-los, é uma boa maneira que temos de afirmar o nosso elitismo, sempre autoritário. Este não pode ser o modo de atuar de uma educadora ou de um educador cuja opção é libertadora. Quem apenas fala e jamais ouve; quem "imobiliza" o conhecimento e o transfere a estudantes, não importa se de escolas primárias ou universitárias; quem ouve o eco apenas de suas próprias palavras, numa espécie de narcisismo oral; quem considera petulância da classe trabalhadora reivindicar seus direitos; quem pensa, por outro lado, que a classe trabalhadora é demasiado inculta e incapaz, necessitando, por isso, de ser libertada de cima para baixo, não tem realmente nada que ver com libertação nem democracia. Pelo contrário, quem assim atua e assim pensa, consciente ou inconscientemente, ajuda a preservação das estruturas autoritárias.

Um outro aspecto ligado a este e a que gostaria de me referir é o da necessidade que temos os educadores e as educadoras de "assumir" a ingenuidade dos educandos para poder, com eles, superá-la.

Estando num lado da rua, ninguém estará em seguida no outro, a não ser atravessando a rua. Se estou no lado de cá, não posso chegar ao lado de lá, partindo de lá, mas de cá. Assim também ocorre com a compreensão menos rigorosa, menos exata da realidade. Temos de respeitar os níveis de compreensão que os educandos — não importa quem sejam — estão tendo de sua própria realidade. Impor a eles a nossa compreensão em nome da sua libertação é aceitar soluções autoritárias como caminhos de liberdade.

Mas assumir a ingenuidade dos educandos demanda de nós a humildade necessária para assumir também a sua criticidade, superando, com ela, a nossa ingenuidade também.

Só educadoras e educadores autoritários negam a solidariedade entre o ato de educar e o ato de serem educados pelos educandos; só eles separam o ato de ensinar do de aprender, de tal modo que ensina quem se supõe sabendo e aprende quem é tido como quem nada sabe.

Na verdade, para que a afirmação "quem sabe, ensina a quem não sabe" se recupere de seu caráter autoritário, é preciso que quem sabe saiba sobretudo que ninguém sabe tudo e que ninguém tudo ignora. O educador, como quem sabe, precisa reconhecer, primeiro, nos educandos em processo de saber mais, os sujeitos, com ele, deste processo e não pacientes acomodados; segundo, reconhecer que o conhecimento não é um dado aí, algo imobilizado, concluído, terminado, a ser transferido por quem o adquiriu a quem ainda não o possui.

A neutralidade da educação, de que resulta ser ela entendida como um quefazer puro, a serviço da formação de um tipo ideal de ser humano, desencarnado do real, virtuoso e bom, é uma das conotações fundamentais da visão ingênua da educação.

Do ponto de vista de uma tal visão da educação, é da intimidade das consciências, movidas pela bondade dos corações, que o mundo se refaz. E, já que a educação modela as almas e recria os corações, ela é a alavanca das mudanças sociais.

Em primeiro lugar, porém, é preciso que a educação dê carne e espírito ao modelo de ser humano virtuoso que, então, instaurará uma sociedade justa e bela. Nada poderá ser feito antes que uma geração inteira de gente boa e justa assuma a tarefa de criar a sociedade ideal. Enquanto esta geração não surge, algumas obras assistenciais e humanitárias são realizadas, com as quais se pode inclusive ajudar o projeto maior.

Há um sem-número de outras caraterísticas da visão ingênua a que me estou referindo e que o tempo desta exposição não me permite analisar. Sublinhei apenas algumas das mais gritantes de suas marcas, para, em seguida, me fixar em outras ao nível da alfabetização de adultos. O caráter mágico emprestado à palavra escrita, vista ou concebida quase como uma palavra salvadora, é uma delas. O analfabeto, porque não a tem, é um "homem perdido", cego, quase fora da realidade. É preciso, pois, salvá-lo, e sua salvação está em passivamente receber a palavra — uma espécie de amuleto — que a "parte melhor" do mundo lhe oferece benevolamente. Daí que o papel do analfabeto não seja o de sujeito de sua própria alfabetização, mas o de paciente que se submete docilmente a um processo em que não tem ingerência.

Do ponto de vista crítico e democrático como ficou mais ou menos claro nas análises anteriores, o alfabetizando, e não o analfabeto, se insere num processo criador, de que ele é também sujeito.

Desde o começo, na prática democrática e crítica, a leitura do mundo e a leitura da palavra estão dinamicamente juntas. O comando da leitura e da escrita se dá a partir de palavras e de temas significativos à experiência comum dos alfabetizandos e não de palavras e de temas apenas ligados à experiência do educador.

A sua leitura do real, contudo, não pode ser a repetição mecanicamente memorizada da nossa maneira de ler o real. Se assim fosse, estaríamos caindo no mesmo autoritarismo tão constantemente criticado neste texto.

Em certo momento desta exposição disse que, se do ponto de vista objetivo os ingênuos se identificam com os "astutos",[2] distinguem-se porém subjetivamente. Na verdade, objetivamente uns e outros obstaculizam a emancipação das classes e dos grupos sociais oprimidos. Ambos se acham marcados pela ideologia dominante, elitista, mas só os "astutos", conscientemente,

---

2. A propósito de ingênuos e "astutos", ver Freire, Paulo. "O papel educativo das igrejas na América Latina". *In: Ação cultural para a liberdade e outros escritos*, p. 15.

assumem esta ideologia como própria. Neste sentido, estes últimos são conscientemente reacionários. Por isso é que, neles, a ingenuidade é pura tática. Assim, a única diferença que há entre mim e um educador astutamente ingênuo, com relação à compreensão de um dos aspectos centrais do processo educativo está em que, sabendo ambos, ele e eu, que a educação não é neutra, somente eu o afirmo.

Me parece importante chamar a atenção para a diferença entre o ingênuo não malicioso e o ingênuo astuto ou tático. É que, na medida mesma em que a ingenuidade daquele não é maliciosa, ele pode, aprendendo diretamente de sua prática, perceber a inoperância de sua ação e, assim, renunciando à ingenuidade mas rejeitando a astúcia ou a malícia, assumir uma nova posição. Agora, uma posição crítica. Se antes, na etapa da ingenuidade não tática, a sua adesão aos chamados pobres era lírica, idealista, agora o seu compromisso se estabelece em novas bases.

Se antes a transformação social era entendida de forma simplista, fazendo-se com a mudança, primeiro das consciências, como se fosse a consciência, de fato, a transformadora do real, agora a transformação social é percebida como processo histórico em que subjetividade e objetividade se prendem dialeticamente. Já não há como absolutizar nem uma nem outra.

Se antes a alfabetização de adultos era tratada e realizada de forma autoritária, centrada na compreensão mágica da palavra, palavra doada pelo educador aos analfabetos; se antes os textos geralmente oferecidos como leitura aos alunos escondiam muito mais do que desvelavam a realidade, agora, pelo contrário, a alfabetização como ato de conhecimento, como ato criador e como ato político é um esforço de leitura do mundo e da palavra.

Agora já não é possível texto sem contexto.

Por outro lado, na medida mesma em que este educador crítico vai superando a visão mágica e autoritária da alfabetização, começa a dar a atenção necessária ao problema da memória mais oral em certas áreas do que em outras e que exige procedimentos educativos especiais. Em áreas cuja cultura tem memória preponderantemente oral e não há nenhum projeto de transformação infraestrutural em andamento,³ o problema que se coloca não é o da leitura da palavra mas o de uma leitura mais rigorosa do mundo, que sempre precede a leitura da palavra. Se antes raramente os grupos populares eram estimulados a escrever seus textos, agora é fundamental fazê-lo, desde o começo mesmo da alfabetização para que, na pós-alfabetização, se vá tentando a formação do que poderá vir a ser uma pequena biblioteca popular com a inclusão de páginas escritas pelos próprios educandos.

O importante, porém, ao renunciar à "inocência" e ao rejeitar a esperteza, é que, na nova caminhada que começa até os oprimidos, se desfaça de todas as marcas autoritárias e comece, na verdade, a acreditar nas massas populares. Já não apenas fale a elas ou sobre elas, mas as ouça, para poder falar com elas. A relevância da biblioteca popular com relação aos programas de educação e de cultura popular em geral e não apenas de

---

3. Ver, a este propósito, Freire, Paulo. *Cartas à Guiné-Bissau*. Rio de Janeiro: Paz e Terra, 1977.

alfabetização de adultos, creio que é apreendida tanto por educadoras e educadores numa posição ingênua, ou astutamente ingênua, quanto por aquelas e aqueles que se inserem numa perspectiva crítica. O em que se distinguem, é na concepção — e na sua posta em prática — da biblioteca.

Deixemos de lado a posição ingênua não astuta e tomemos esta última como ponto de referência para a nossa reflexão. De seu ângulo, assim como o processo de alfabetização de adultos autoritariamente se centra na doação da palavra dominante — e da temática a ela ligada — aos alfabetizandos, com as quais a área popular é culturalmente invadida, as bibliotecas populares serão tão mais eficientes quanto mais ajudarem e intensificarem esta invasão. Se, nesta prática da alfabetização, durante a sua primeira etapa, os textos a pouco e pouco oferecidos à capacidade crescente de leitura dos alunos ora têm muito pouco que ver com a realidade dramaticamente vivida pelos grupos populares, ora, mistificando o concreto, insinuam que ele é o que não está sendo, o pequeno acervo da biblioteca não tem por que ser diferente.

Do ponto de vista autoritariamente elitista, por isso mesmo reacionário, há uma incapacidade quase natural do povão. Incapaz de pensar certo, de abstrair, de conhecer, de criar, eternamente "de menor", permanentemente exposto às ideias chamadas exóticas, o povão precisa de ser "defendido". A sabedoria popular não existe, as manifestações autênticas da cultura do povo não existem, a memória de suas lutas precisa ser esquecida, ou aquelas lutas contadas de maneira diferente; a "proverbial incultura" do povão não permite que ele participe ativamente da reinvenção constante da sua sociedade. Os que pensam assim e assim agem defendem uma estranha democracia, que será tão mais "pura" e perfeita, segundo eles, quanto menos povo dela participe. "Elitizar" os grupos populares com o desrespeito, obviamente, de sua linguagem e de sua visão de mundo, seria o sonho jamais, me parece, a ser logrado dos que se põem nesta perspectiva.

Contra tudo isso se coloca a posição crítico-democrática da biblioteca popular. Da mesma maneira como, deste ponto de vista, a alfabetização de adultos e a pós-alfabetização implicam esforços no sentido de uma correta compreensão do que é a palavra escrita, a linguagem, as suas relações com o contexto de quem fala e de quem lê e escreve, compreensão portanto da relação entre "leitura" do mundo e leitura da palavra, a biblioteca popular, como centro cultural e não como um depósito silencioso de livros, é vista como fator fundamental para o aperfeiçoamento e a intensificação de uma forma correta de ler o texto em relação com o contexto. Daí a necessidade que tem uma biblioteca popular centrada nesta linha de estimular a criação de horas de trabalho em grupo, em que se façam verdadeiros seminários de leitura, ora buscando o adentramento crítico no texto, procurando apreender a sua significação mais profunda, ora propondo aos leitores uma experiência estética, de que a linguagem popular é intensamente rica.

Um excelente trabalho, numa área popular, sobretudo camponesa, que poderia ser desenvolvido por bibliotecárias, documentalistas, educadoras, historiadoras seria, por exemplo, o do levantamento da história da área através de entrevistas gravadas, em que as mais velhas e os mais velhos habitantes da área, como testemunhos presentes, fossem fixando os momentos fundamentais da sua história comum. Dentro de algum tempo se teria um acervo de estórias que, no fundo, fariam parte viva da História da área.[4]

Estórias em torno de vultos populares famosos, do "doidinho" da vila, com sua importância social, das superstições, das crendices, das plantas medicinais, da figura de algum doutor médico, da de curandeiras e comadres, da de poetas do povo.

Entrevistas com artistas da área, os fazedores de bonecos, de barro ou de madeira, escultores quase sempre de mão-cheia; com as rendeiras que porventura ainda existam, com os rezadores gerais, que curam amores desfeitos ou espinhelas caídas.

Com este material todo poderiam ser feitos folhetos, com o respeito total à linguagem — sintaxe, semântica, prosódia — dos entrevistados. Estes folhetos,

---

4. Conheci trabalhos como este realizando-se na Tanzânia e na Guiné-Bissau.

bem como as fitas gravadas, poderiam ser usados tanto na biblioteca mesma, em sessões próprias, quanto poderiam ser material de indiscutível valor para os cursos de alfabetização, de pós-alfabetização ou para atividades outras no campo da educação popular na mesma área.

Na medida em que pesquisas como esta pudessem ser feitas em diferentes áreas da região, todo o material escrito e gravado poderia ser intercambiado. É possível que em certas áreas rurais, em função do maior nível de oralidade, os grupos populares prefiram ouvir as estórias de seus companheiros da mesma zona em lugar de lê-las. Não haverá nisso mal nenhum.

Um dos inúmeros aspectos positivos de um trabalho como este é, sem dúvida, fundamentalmente, o reconhecimento do direito que o povo tem de ser sujeito da pesquisa que procura conhecê-lo melhor. E não objeto da pesquisa que os especialistas fazem em torno dele. Nesta segunda hipótese, os especialistas falam sobre ele; quando muito, falam a ele, mas não com ele, pois só o escutam enquanto ele responde às perguntas que lhe fazem.

É claro que uma pesquisa como esta demanda uma metodologia — que não cabe aqui discutir[5] — que implique aquele reconhecimento acima referido, o do Povo como sujeito do conhecimento de si mesmo.

É evidente que a questão fundamental para uma rede de bibliotecas populares, ora estimulando programas de educação ou de cultura popular (de que fizessem parte atividades no campo da alfabetização de adultos, da educação sanitária, da pesquisa, do teatro, da formação técnica, da política em suas relações com a fé), ora surgindo em resposta a exigências populares provocadas por um esforço de cultura popular, é política.

A forma como atua uma biblioteca popular, a constituição do seu acervo, as atividades que podem ser desenvolvidas no seu interior, e a partir dela, tudo isso, indiscutivelmente tem que ver com técnicas, métodos, processos, previsões orçamentárias, pessoal auxiliar, mas, sobretudo, tudo isso tem que ver com uma certa

---

5. A este propósito, ver Freire, Paulo. *Pedagogia do oprimido*, Paz e Terra, e "Criando métodos de pesquisa alternativa: aprendendo a fazê-la através da ação". *In*: Brandão, Carlos Rodrigues (Org.). *Pesquisa participante*. São Paulo: Editora Brasiliense, 1981.

política cultural. Não há neutralidade aqui também. Como aqui também vamos encontrar a mesma ingenuidade não astuta de que falei, a mesma ingenuidade puramente tática e a mesma criticidade.

A mesma compreensão mágica da palavra escrita, o mesmo elitismo reacionário minimizador do Povo, mas o mesmo espírito crítico-democrático de que tanto precisamos neste país de tão fortes tradições de arbítrio.

O Brasil foi "inventado" de cima para baixo, autoritariamente. Precisamos reinventá-lo em outros termos.

O povo diz a sua palavra ou a alfabetização em São Tomé e Príncipe

O povo diz a sua palavra ou a alfabetização em São Tomé e Príncipe: este artigo, que foi primeiramente publicado num número especial da Harvard Educational Review, em fevereiro de 1981, número que tratou do tema "Education as Transformation: Identity, Change and Development", aparece agora entre nós acrescido de uma segunda parte.

PRIMEIRA PARTE

Mais uma vez, ao longo dos anos, me ponho em frente de páginas em branco para escrever sobre o processo de alfabetização de adultos. Parece-me interessante salientar que o fato de haver tratado várias vezes este assunto não mata em mim nem sequer diminui um certo estado de espírito, típico de quem discute pela primeira vez um tema. É que, para mim, não há assuntos encerrados. É por isso que penso e re-penso o processo de alfabetização como quem está sempre diante de uma novidade, mesmo que, nem toda vez, tenha novidades sobre que falar. Mas, ao pensar e ao re-pensar a alfabetização, penso ou re-penso a prática em que me envolvo. Não penso ou re-penso o puro conceito, desligado do concreto, para, em seguida, descrevê-lo.

Neste artigo, falarei da alfabetização de adultos no contexto da República Democrática de São Tomé e Príncipe,[6] a cujo governo venho dando, juntamente com Elza Freire, uma contribuição no campo da educação de adultos, hoje menos sistemática do que três anos atrás.

Antes de entrar na discussão de alguns pontos centrais que marcam a experiência de alfabetização de adultos em São Tomé e Príncipe, me parece importante fazer algumas considerações em torno de como venho entendendo e vivendo as relações entre mim, enquanto assessor, e o governo assessorado. Para nós, porque esta é também a posição de Elza, o assessor não é uma figura neutra, fria, descomprometida, disposta sempre a responder tecnicamente às solicitações que

---

6. Recentemente independente do jugo colonial português, as ilhas de São Tomé e Príncipe ficam no golfo da Guiné, na costa ocidental da África. A superfície total do país é 1.001 km², tendo a ilha de São Tomé 859 km² e a de Príncipe 142 km². A distância entre uma ilha e a outra é de 140 km. Em 1970, calculava-se a população do país em 73.811 pessoas. A ilha de Príncipe com 4.662 e a de São Tomé com 69.149. A capital do país, cuja população é de 17.400 habitantes, é a cidade de São Tomé, na ilha do mesmo nome. A independência do país se deu a 12 de julho de 1975.

lhe sejam feitas. Para nós, pelo contrário, o assessor (ou assessora) é um político e sua prática, não importa no campo em que se dê, é política também. Por isso é que, do nosso ponto de vista, se torna indispensável uma concordância em torno de aspectos fundamentais entre o assessor e o governo assessorado. Me seria impossível, por exemplo, dar uma colaboração, por mínima que fosse, a uma campanha de alfabetização de adultos promovida por um governo antipopular. O meu respeito aos nacionais, a cujo governo assessoro, o meu cuidado para que a minha colaboração não se torne uma *invasão* disfarçada pressupõem um terreno comum em que caminhamos o governo e eu. É neste terreno comum, nesta identidade de opções políticas, com prováveis e salutares divergências, que minha prática me vai tornando um companheiro dos nacionais e não um puro aplicador de fórmulas impossivelmente neutras. Eu não poderia assessorar um governo que, em nome da primazia da "aquisição" de técnicas de ler e de escrever palavras por parte dos alfabetizandos, exigisse de mim ou simplesmente sugerisse que eu fizesse a dicotomia entre a leitura do texto e a leitura do contexto. Um governo para quem a "leitura" do concreto, o desvelamento do mundo não são um direito do povo, que, por isso mesmo, deve ficar reduzido à leitura mecânica da palavra.

É exatamente este aspecto importante — o da relação dinâmica entre a leitura da palavra e a "leitura" da realidade —, em que nos encontramos coincidentes o governo de São Tomé e Príncipe e nós, que eu gostaria de tomar como ponto central das minhas reflexões neste artigo.

Todo o esforço que vem sendo feito em São Tomé e Príncipe na prática da alfabetização de adultos como na de pós-alfabetização se orienta neste sentido.[7]

Os *Cadernos de Cultura Popular* que vêm sendo usados pelos educandos como livros básicos, quer na

---

7. Isto não significa, porém, que seja fácil viver, em termos críticos, uma tal relação entre a leitura da palavra e a "leitura" da realidade, numa sociedade que se experimenta historicamente como São Tomé e Príncipe. A forte tradição colonial, que não poderia deixar de estar presente à sua prática social, bem viva ainda em muitos aspectos, é um obstáculo àquele tipo de "leitura".

alfabetização quer na pós-alfabetização, não são cartilhas nem manuais com exercícios ou discursos manipuladores.

Cadernos de Cultura Popular é o nome genérico que vem sendo dado a esta série de livros de que o primeiro é o da alfabetização. Este primeiro caderno é composto de duas partes, sendo a segunda uma introdução à pós-alfabetização. Como reforço a este primeiro caderno há um outro de exercícios, chamado *Praticar para Aprender*.

O *Segundo Caderno de Cultura Popular*, com o qual se inicia ou se pretende iniciar a pós-alfabetização, é um livro de textos, escritos em linguagem simples, jamais simplista, que trata uma temática ampla e variada, ligada, toda ela, ao momento atual do país. O que se pretende com estes textos — entre os quais serão alguns transcritos na Segunda Parte deste trabalho — é que eles se entreguem à curiosidade crítica dos educandos e não que sejam lidos mecanicamente. A linguagem dos textos é desafiadora e não *sloganizadora*. O que se quer é a participação efetiva do povo enquanto sujeito, na reconstrução do país, a serviço de que a alfabetização e a pós-alfabetização se acham.[8]

Por isso mesmo os cadernos não são nem poderiam ser livros neutros. É que, na verdade, o contrário da manipulação nem é a neutralidade impossível nem o espontaneísmo. O contrário da manipulação, como do espontaneísmo, é a participação crítica e democrática dos educandos no ato de conhecimento de que são também sujeitos. É a participação crítica e criadora do povo no processo de reinvenção de sua sociedade, no caso a sociedade são-tomense, recém-independente do jugo colonial, que há tanto tempo a submetia.

Esta participação consciente na reconstrução da sociedade, participação que se pode dar nos mais diferentes setores da vida nacional e em níveis diferentes,

---

8. Há um *Terceiro Caderno de Cultura Popular*, sobre o ensino da aritmética; um *Quarto*, sobre saúde; um *Quinto*, que se constitui por uma série de textos com os quais se aprofundam as análises de alguns temas discutidos no *Segundo*, já referido. No momento, dois mais estão sendo impressos. Um deles é um repertório de estórias, de lendas, que expressam a alma popular. O outro, uma introdução ao estudo das riquezas naturais do país. O *Quinto* e o *Sexto* cadernos, este último sendo impresso, são de autoria do professor chileno Antonio Faúndez, que vem dando sua contribuição ao país através do Conselho Mundial de Igrejas.

demanda, necessariamente, uma compreensão crítica do momento de transição revolucionária em que se acha o país. Compreensão crítica que se vai gerando na prática mesma de participar e que deve ser incrementada pela prática de pensar a prática. Neste sentido, a alfabetização e a pós-alfabetização, através das palavras e dos temas geradores numa e noutra, não podem deixar de propor aos educandos uma reflexão crítica sobre o concreto, sobre a realidade nacional, sobre o momento presente — o da reconstrução, com seus desafios a responder e suas dificuldades a superar.

É preciso, na verdade, que a alfabetização de adultos e a pós-alfabetização, a serviço da reconstrução nacional, contribuam para que o povo, tomando mais e mais a sua História nas mãos, se refaça na feitura da História. Fazer a História é estar presente nela e não simplesmente nela estar representado.⁹ Pobre do povo que aceita, passivamente, sem o mais mínimo sinal de

---

9. Saliento, com satisfação, que as expressões *estar presente na História* e nela simplesmente *estar representado*, no sentido usado no texto, escutei de meu amigo Maurício Tragtenberg, num debate de que participei na PUC, em 1981.

inquietação, a notícia segundo a qual, em defesa de seus interesses, "fica decretado que, nas terças-feiras, se começa a dizer boa-noite a partir das duas horas da tarde". Este será um povo puramente representado, já não presente na História.

Quanto mais conscientemente faça a sua História, tanto mais o povo perceberá, com lucidez, as dificuldades que tem a enfrentar, no domínio econômico, social e cultural, no processo permanente da sua libertação.

Na medida em que a reconstrução nacional é a continuidade da luta anterior, do esforço anterior em busca da independência, é absolutamente indispensável que o povo todo assuma, em níveis diferentes, mas todos importantes, a tarefa de refazer a sua sociedade, refazendo-se a si mesmo também. Sem esta assunção da tarefa maior — e de si mesmo na assunção da tarefa —, o povo abandonará a pouco e pouco a sua participação na feitura da História. Deixará, assim, de estar presente nela e passará a ser simplesmente nela representado. Este é um desafio histórico que o período atual de transição coloca, de um lado, ao povo de São Tomé e Príncipe, e, de outro, à lealdade revolucionária de sua liderança, e eu espero que ambos — o povo e a sua liderança — respondam corretamente a este desafio.

A mobilização e a organização popular, em termos realmente participatórios, que são em si, já, tarefas eminentemente político-pedagógicas, às quais a alfabetização e a pós-alfabetização não poderiam estar alheias, são meios de resposta àquele desafio. Como meio de resposta a ele, é a informação formadora e não *sloganizante*, domesticadora, em torno dos mais mínimos problemas que tenham que ver com o destino do país.

A alfabetização de adultos enquanto ato político e ato de conhecimento, comprometida com o processo de aprendizagem da escrita e da leitura da palavra, simultaneamente com a "leitura" e a "reescrita" da realidade, e a pós-alfabetização, enquanto continuidade aprofundada do mesmo ato de conhecimento iniciado na alfabetização, de um lado, são expressões da reconstrução nacional em marcha; de outro, práticas impulsionadoras da reconstrução. Uma alfabetização de adultos que, em lugar de propor a discussão da realidade nacional e de suas dificuldades, em lugar de colocar o problema da participação política do povo na reinvenção da sua sociedade, estivesse girando em volta dos ba-be-bi-bo-bu, a que juntasse falsos discursos sobre o país — como tem sido tão comum em tantas campanhas —, estaria contribuindo para que o povo fosse puramente representado na sua História. Em São Tomé e Príncipe, pelo contrário, o que vem interessando é o desvelamento da realidade. A educação com que o governo vem se comprometendo é a que desoculta e não a que esconde em função dos interesses dominantes.

A compreensão do processo do trabalho, do ato produtivo em sua complexidade, da maneira como se organiza e desenvolve a produção, a necessidade de uma formação técnica do trabalhador, formação, porém, que não se esgote num especialista estreito e alienante; a compreensão da cultura e do seu papel, tanto no processo de libertação quanto no da reconstrução nacional; o problema da identidade cultural, cuja defesa não deve significar a rejeição ingênua à contribuição de outras culturas, tudo isso são temas fundamentais que se acham referidos à maioria das palavras que constituem o programa da alfabetização. Temas fundamentais que vêm sendo debatidos, toda vez que possível,[10] de forma introdutória, na etapa da alfabetização, e que se acham retomados e propostos de modo problematizador nos textos que compõem os *Cadernos de Cultura Popular*, empregados na pós-alfabetização.

No momento em que, escrevendo este artigo, a pouco e pouco, vou enchendo as páginas em branco à minha disposição, não posso deixar de pensar em São Tomé, sobretudo porque é a seu contexto que o que escrevo agora se acha referido.

Me revejo, sem nenhum esforço de memória, visitando os Círculos de Cultura, da zona rural ou urbana, acompanhado sempre de meus amigos, os coordenadores da campanha ou do programa de alfabetização

---

10. É importante sublinhar o *toda vez que possível*, no texto, no sentido de chamar a atenção do leitor para as limitações, de resto compreensíveis, dos animadores culturais no desenvolvimento de uma tarefa como esta.

de adultos.¹¹ São visitas em que, juntos, vamos anotando os aspectos mais positivos da prática político-educativa dos animadores, ao lado, também, de algumas falhas, em que vamos observando o desenvolvimento intelectual dos grupos, sua capacidade de ler os textos e de compreender a realidade, sua curiosidade.

Entre as inúmeras recordações que guardo da prática dos debates nos Círculos de Cultura de São Tomé, gostaria de referir-me agora a uma que me toca de modo especial. Visitávamos um Círculo numa pequena comunidade pesqueira chamada Monte Mário. Tinha-se como geradora a palavra *bonito*, nome de um peixe, e como codificação um desenho expressivo do povoado, com sua vegetação, as suas casas típicas, com barcos de pesca ao mar e um pescador com um bonito à mão. O grupo de alfabetizandos olhava em silêncio a codificação.

---

11. De acordo com informações recentes que me foram dadas pela jovem educadora paulista Kimiko Nakamo, que vem dando uma excelente contribuição ao País, no quadro do IDAC estão funcionando 394 círculos de cultura com a participação de perto de 14 mil alfabetizandos. Trabalhadores rurais e urbanos, com 704 animadores culturais e 25 coordenadores do departamento de alfabetização de adultos. O programa prevê a superação do analfabetismo em quatro anos.

Em certo momento, quatro entre eles se levantaram, como se tivessem combinado, e se dirigiram até a parede em que estava fixada a codificação (o desenho do povoado). Observaram a codificação de perto, atentamente. Depois, dirigiram-se à janela da sala onde estávamos. Olharam o mundo lá fora. Entreolharam-se, olhos vivos, quase surpresos, e, olhando mais uma vez a codificação, disseram: "É Monte Mário. Monte Mário é assim e não sabíamos". Através da codificação, aqueles quatro participantes do Círculo "tomavam distância" do seu mundo e o re-conheciam. Em certo sentido, era como se estivessem "emergindo" do seu mundo, "saindo" dele, para melhor conhecê-lo. No Círculo de Cultura, naquela tarde, estavam tendo uma experiência diferente: "rompiam" a sua "intimidade" estreita com Monte Mário e punham-se diante do pequeno mundo da sua quotidianidade como sujeitos observadores.

No Círculo de Cultura, enquanto contexto que costumo chamar teórico, esta atitude de sujeito curioso e crítico é o ponto de partida fundamental a começar na alfabetização. O exercício desta atividade crítica, na análise da prática social, da realidade em processo de transformação possibilita aos alfabetizandos, de um lado, aprofundar o ato de conhecimento na pós-alfabetização; de outro, assumir diante de sua quotidianidade uma posição mais curiosa. A posição de quem se indaga constantemente em torno da própria prática, em torno da razão de ser dos fatos em que se acha envolvido.

Na etapa da alfabetização, o que se pretende não é ainda uma compreensão profunda da realidade que se está analisando, mas desenvolver aquela posição curiosa referida acima; estimular a capacidade crítica dos alfabetizandos enquanto sujeitos do conhecimento, desafiados pelo objeto a ser conhecido. É exatamente a experiência sistemática desta relação que é importante. A relação do sujeito que procura conhecer com o objeto a ser conhecido. Relação que inexiste toda vez que, na prática, o alfabetizando é tomado como paciente do processo, puro recipiente da palavra do alfabetizador. Neste caso, então, não *diz a sua palavra*.

Obviamente, nem tudo são flores no desenvolvimento de um trabalho como este, num país pobre, pequeno, recém-independente do jugo colonial, tendo seu povo e sua liderança de enfrentar um sem-número de dificuldades, entre elas as decorrentes da flutuação do preço internacional do seu principal produto, o cacau; tendo de superar legados fortemente negativos de séculos de colonialismo, entre os quais a escassez de quadros nacionais, hoje ainda quantitativamente insuficientes para as tarefas que a reconstrução nacional demanda.

A escassez de quadros e de recursos materiais, refletindo-se necessariamente no plano da alfabetização de adultos, teria de constituir-se em obstáculo não apenas à sua programação mas também ao seu desenvolvimento. Não foi por outra razão que a ex-ministra da Educação, Maria Amorim, optou por um programa humilde mas realista, à altura das reais possibilidades do país. Um programa a ser posto em prática durante quatro anos, dentro dos quais se fará a superação do analfabetismo em São Tomé e Príncipe, com o povo dizendo a sua palavra.

SEGUNDA PARTE

Ao longo da Primeira Parte deste artigo foi dito várias vezes que os materiais elaborados quer para a fase de alfabetização quer para a de pós-alfabetização se caracterizavam por serem materiais desafiadores e não domesticadores.

Numa tentativa de exemplificar o afirmado, serão transcritas aqui partes do *Caderno de Exercícios, Praticar para Aprender*, da fase de alfabetização, e alguns textos do *Segundo Caderno de Cultura Popular*, da etapa da pós-alfabetização.[12]

A primeira página de *Praticar para Aprender* é composta de duas codificações (duas fotografias): uma, de uma das lindas enseadas de São Tomé, com um grupo de jovens *nadando*; a outra, numa área rural, com um grupo de jovens *trabalhando*.

---

12. Sobre uma análise pormenorizada de ambos estes *Cadernos*, como do primeiro que não é discutido neste texto, ver Freire, Paulo. "Quatro cartas aos animadores de Círculos de Cultura de São Tomé e Príncipe". *In*: Brandão, Carlos (Org.). *A questão política da educação popular*. São Paulo: Brasiliense, 1980.

Ao lado da fotografia dos jovens nadando está escrito: "É nadando que se aprende a nadar".

Ao lado da fotografia dos jovens trabalhando está escrito: "É trabalhando que se aprende a trabalhar". E, no fim da página: "Praticando, aprendemos a praticar melhor".

Não me parece necessário, aqui, insistir demasiado no que esta primeira página do *Caderno de Exercícios*, que começa a ser usado quando os alfabetizandos já são capazes de ler pequenas sentenças, pode oferecer a educadores e educandos como reflexão em torno da importância da prática para o ato de conhecimento. Este momento é mais um em que se pode reforçar a ideia fundamental de que o povo tem um saber na medida mesma em que, participando de uma prática que é social, faz coisas.

Reforçando a importância da prática, se diz na segunda página do *Caderno*:

> Se é praticando que se aprende a nadar,
> Se é praticando que se aprende a trabalhar,

É praticando também que se aprende a ler e a escrever.

Vamos praticar para aprender

e aprender para praticar melhor.

Vamos ler

Povo

Saúde

Matabala[13]

Rádio

Vamos escrever

O espaço que se segue, em branco, é para uso dos alfabetizandos. Cabe ao educador, aproveitando a própria maneira como o *Caderno* foi concebido, desafiar os educandos a que escrevam o que queiram e o que possam com as palavras sugeridas.

Na página 7, em um texto um pouco maior, se volta à questão da prática:

---

13. *Matabala* é uma espécie de batata bastante presente na dieta do povo são-tomense.

Antônio, Maria, Pedro e Fátima sabem ler e escrever. Aprenderam a ler praticando a leitura. Aprenderam a escrever praticando a escrita.

É praticando que se aprende.

Vamos escrever.

Mais uma vez, o espaço em branco como convite aos alfabetizandos para que se arrisquem a escrever. Em todo o *Caderno*, do começo ao fim, se problematizam constantemente os alfabetizandos para que escrevam e leiam praticando a escrita e a leitura. Se, em lugar nenhum é possível escrever sem praticar a escrita, numa cultura de memória preponderantemente oral como a são-tomense, um programa de alfabetização precisa, de um lado, respeitando a cultura como está sendo no momento, estimular a oralidade dos alfabetizandos nos debates, no relato de estórias, nas análises dos fatos; de outro, desafiá-los a que comecem também a escrever. Ler e escrever como momentos inseparáveis de um mesmo processo — o da compreensão e o do domínio da língua e da linguagem.

Na página 11 se propõe um texto mais complexo, mas não extenso, que trata de aspectos da vida colonial e do momento atual da reconstrução nacional. O texto é precedido de algumas palavras que envolvem temas centrais da reconstrução nacional.

A página começa assim:

Vamos ler

Escola

Roça[14]

Terra

Plantar

Produto

Antes da Independência, a maioria de nosso Povo não tinha escolas. As roças, com suas terras de plantar, pertenciam aos colonizadores. O produto de nosso trabalho era deles também. Com a Independência, tudo está ficando diferente.

---

14. Unidade de produção. Fazenda de cacau. Havia ao todo, antes da Independência, umas 75 roças, cujos proprietários em regra viviam em Lisboa. O primeiro ato do governo independente foi, em praça pública, nacionalizar as roças.

Temos mais escolas para nossas crianças e o Povo começou a estudar.

Vamos escrever.

Considerando ainda o caráter oral da cultura, no estado em que se encontra, sugere-se aos animadores que, não apenas com relação a este texto, mas com relação a todos, façam uma leitura primeira, em voz alta, pausadamente, que deve ser seguida silenciosamente pelos alfabetizandos. Em continuação, que estes prossigam na sua leitura silenciosa durante um certo momento após o qual se começará, de um a um, a leitura em voz alta. Qualquer que seja o texto, terminada a sua leitura, é indispensável a discussão em torno dele.

No esforço de continuar desafiando os alfabetizandos a ler criticamente e a escrever, ao mesmo tempo que se prossegue no estímulo à sua oralidade, se lhes propõe o seguinte exercício, na página 12:

Praticar sempre para aprender

e

aprender para praticar melhor.

Vamos ler

Enxada

Sementeira

Fonte

Conhecimento

O trabalho produtivo é fonte de conhecimento. Com a enxada preparamos os campos para a sementeira e ajudamos a construir um país novo.

Nossos filhos e filhas devem aprender trabalhando. Nossas escolas devem ser escolas de trabalho.

Tente escrever sobre o texto que acaba de ler.

Escreva igual a como fala. É praticando que se aprende.

Depois de alguns exercícios que introduzem os verbos ser, estar e ter, no tempo presente do modo indicativo, mas sem nenhuma definição do que é verbo e nenhuma consideração teórica a propósito de seus modos e de seus tempos e pessoas, se chega à página 17 com mais um desafio à criticidade dos alfabetizandos.

Se se observa bem o *Caderno de Exercícios*, de que venho agora transcrevendo partes, se nota como o desafio à percepção crítica dos alfabetizandos gradualmente cresce, página a página, bem como o chamamento a que se experimentem na escrita. Se, porém, a palavra escrita é estranha ou quase estranha em um dado momento de uma cultura, introduzi-la antes de ou concomitantemente a transformações infraestruturais que, com o tempo passariam a exigi-la, não é tarefa tão fácil. Às vezes, contudo, inadiável.

Vejamos a página 17:

Todos nós sabemos alguma coisa. Todos nós ignoramos alguma coisa.

Por isso, aprendemos sempre.[15]

Vamos ler, pensar e discutir

Trabalhando com afinco, produzimos mais.

Produzindo mais, nas terras que são nossas, criamos riquezas para a felicidade do Povo.

---

15. No rosto da página 16 está escrito: "Ninguém ignora tudo — Ninguém sabe tudo".

Com o MLSTP[16] estamos a construir uma sociedade em que todos participam para o bem-estar de todos.

Precisamos estar vigilantes contra aqueles que pretendem começar de novo o sistema de exploração das maiorias por uma minoria dominante.

Agora tente escrever sobre o que leu e discutiu.

Nas páginas 20 e 21, há textos que exemplificam o uso de pronomes pessoais subjetivos e objetivos sem que se faça, contudo, nenhuma alusão a princípios gramaticais.

Página 20:

Vamos ler

Eu me preocupo com o nosso País. Carlos deu um livro a Maria e outro a mim. Dois dias depois, Carlos veio à roça falar comigo.

Eu sou teu amigo, gosto de ti. Leva contigo este livro que te dou.

Ele desperta cedo para o trabalho.

Às vezes, fala consigo mesmo, de si para si.

---

16. Movimento de Libertação de São Tomé e Príncipe.

Ela também fala consigo mesma. Ele e ela pensam no futuro de seu povo ao mesmo tempo que trabalham para fazer o futuro.

Todas as vezes em que o vejo e em que a vejo lhes falo dos estudos.

Eu — me — a mim — de mim — para mim — comigo

Tu — te — a ti — para ti — contigo

Ele — Ela — se — a si — de si — para si — consigo — lhe — o — a

Escreva frases com

me — te — comigo — a ti — a mim

Página 21:

Vamos ler

Nós nos tornamos independentes à custa de muitos sacrifícios. Com unidade, disciplina e trabalho estamos a consolidar nossa independência. Repelimos quem está contra nós e acolhemos aqueles e aquelas que demonstram sua solidariedade conosco. Vós, colonialistas, vos enganastes, ao pensar que vosso poder de explorar era eterno. Para vós, era impossível que a fraqueza dos explorados se tornasse força na luta contra vosso poder.

Levastes convosco quase tudo o que era nosso, mas não pudestes levar convosco a nossa vontade determinada de ser livres. Maria, Julieta, Jorge e Carlos, eles e elas se esforçam no trabalho para aumentar a produção. Trazem sempre consigo a certeza da vitória.

Nós — nos — conosco

Vós — vos — convosco

Eles — Elas — se — a si — de si — para si — consigo — lhes — os — as

Escreva frases com
nos — lhes — conosco

Na página 22, se encontra integralmente transcrita uma das muitas estórias populares que, em culturas cuja memória está sendo ainda preponderantemente oral, passam de geração a geração e têm um papel pedagógico indiscutível. Parte do que se pode considerar a dimensão teórica da educação que se dá nessas culturas se realiza através dessas estórias em cujo corpo o uso das metáforas é uma das riquezas da linguagem popular.[17]

---

17. A este propósito, ver o excelente artigo de Swert, D. Merril. "Proverbs, Parables and Metaphors — Aplying Freire's Concept of Codification to Africa". *In*: *Convergence*, v. XIV, nº 1, 1981. An International Journal of Adult Education. International Council for Adult Education. P. O. Box 250, Station F. Toronto. Canadá — M 4y 2 L 5.

A educação popular não pode estar alheia a essas estórias que não refletem apenas a ideologia dominante, mas, mesclados com ela, aspectos da visão de mundo das massas populares. Na verdade, esta visão de mundo não é pura reprodução daquela ideologia. Depois da leitura da estória da página 22, com que se reconhece, na forma escrita, o que já se conhecia na oralidade, se propõe, na página 23, como desafio aos alfabetizandos, para que escrevam também o seguinte texto:

O camarada ou a camarada pode agora fazer mais do que já fez. Pode também escrever pequenas estórias. Mas, antes de escrever, pense primeiro na sua prática. Pense no trabalho lado a lado com outros camaradas. Pense como lavram a terra, como semeiam e como colhem. Pense nos instrumentos que usam nas roças ou nas fábricas.

Se o camarada pesca, pense nas horas que leva dentro do mar, nas águas de navegar, longe da praia, longe das terras de cultivar. Pense nas estórias dos pescadores. Pense nas estórias que ouviu contar do tempo de nossos avós. Depois, tente escrever igualzinho a como fala. Quando escrever a primeira estória, vai ver que pode escrever a segunda, a terceira etc.

É praticando que se aprende

Vamos praticar

Escreva sua Primeira Estória.

Na página seguinte se volta a insistir junto aos alfabetizandos que escrevam e sugere-se a criação, no caso em que o façam, de antologias de estórias populares. Veja-se o texto:

Se os camaradas e as camaradas escreverem muitas estórias, um dia vamos fazer um livro grande com estórias contadas por nosso Povo. Estórias que falam do nosso passado, da luta do nosso Povo, de nossa resistência ao colonizador. Estórias que falam de nossas tradições, das danças, das músicas, das festas. Estórias que falam da luta de hoje, da reconstrução nacional. Estórias que são pedaços de nossa História.

Finalmente, o *Caderno de Exercícios* chega a seu término com o seguinte texto:

Os camaradas e as camaradas chegaram ao fim deste Caderno de Exercícios. E chegaram ao fim também do Primeiro Caderno de Cultura Popular.

Praticando a leitura e praticando a escrita os camaradas e as camaradas aprenderam a ler e a escrever ao mesmo tempo em que discutiram assuntos de interesse de nosso Povo. Não aprenderam a ler decorando ou memorizando ba-be-bi-bo-bu; ta-te-ti-to-tu, para depois simplesmente repetir. Por isso, enquanto aprendiam a ler e a escrever, os camaradas e as camaradas discutiram sobre a reconstrução nacional, sobre a produção, sobre a saúde; discutiram sobre a unidade, a disciplina e o trabalho do nosso Povo na reconstrução nacional. Conversaram sobre o MLSTP, sobre o seu papel de vanguarda do Povo.

Agora, juntos novamente, vamos dar um passo em frente na procura de saber mais, sem esquecer nunca que é praticando que se aprende. Vamos conhecer melhor o que já conhecemos e conhecer outras coisas que ainda não conhecemos. Todos nós sabemos alguma coisa. Todos nós ignoramos alguma coisa. Por isso, aprendemos sempre.

A busca de conhecer mais continua na luta que continua.

A vitória é nossa.

Vejamos agora o

Segundo Caderno de Cultura Popular

Nosso Povo

Nossa Terra

Textos para Ler e Discutir

(Iniciação à Gramática)

Antes de iniciar a análise ou mais precisamente a transcrição de textos deste *Caderno* com alguns comentários, me parece importante salientar como a prática alterou os planos que tínhamos com relação ao *Caderno de Exercícios* e ao *Segundo Caderno de Cultura Popular*. Enquanto o primeiro tinha sido concebido como um auxiliar do alfabetizando, reforçando o *Primeiro Caderno* na fase da alfabetização, o *Segundo Caderno* fora pensado como o livro básico da primeira etapa da pós-alfabetização. Com o tempo se percebeu que este último papel caberia ao *Caderno de Exercícios*, enquanto o *Segundo Caderno* passaria a ser usado num nível mais adiantado da pós-alfabetização, ao lado dos outros *Cadernos* referidos no pé da página 4.[18] O *Segundo Caderno* começa com a seguinte

INTRODUÇÃO

Com o Primeiro Caderno de Cultura Popular e com o Caderno de Exercícios aprendeste a ler na prática da leitura. Aprendeste a escrever na prática da escrita. Praticaste a leitura e a escrita ao mesmo tempo que tiveste também a prática de discutir assuntos de interesse do nosso Povo.

Para nós, não tinha sentido ensinar ao nosso Povo um puro be-a-bá. Quando aprendemos a ler e a escrever, o importante é aprender também a pensar certo. Para pensar certo devemos pensar sobre a nossa prática no trabalho.

Devemos pensar sobre a nossa vida diária.

Quando aprendemos a ler e a escrever, o importante é procurar compreender melhor o que foi a exploração colonial, o que significa a nossa Independência. Compreender melhor a

---

18. Sobre como trabalhar com este *Caderno*, mais uma vez ver Freire, Paulo. "Quatro cartas aos animadores de Círculo de Cultura de São Tomé e Príncipe". In: Brandão, Carlos (Org.). *A questão política da educação popular*. São Paulo: Brasiliense, 1980.

nossa luta para criar uma sociedade justa sem exploradores nem explorados, uma sociedade de trabalhadores e trabalhadoras. Aprender a ler e a escrever não é decorar "bocados" de palavras para depois repeti-los.

Com este Segundo Caderno de Cultura Popular vais poder reforçar o que já sabes e aumentar os teus conhecimentos, que são necessários à luta de reconstrução nacional. Para isto, é preciso que te esforces e que trabalhes com disciplina. Se não sabes o significado de uma ou de outra palavra que encontres nos textos, consulta o vocabulário no fim deste Caderno. Se a palavra procurada não estiver lá, pergunta a um camarada ou fala com o animador cultural, teu camarada também.

As palavras com que se introduz o vocabulário são igualmente palavras de desafio e não de acomodação:

Neste vocabulário encontras o significado de algumas palavras e de grupos de palavras que aparecem nos diferentes textos deste Caderno. Ele é uma ajuda de que te podes servir no teu esforço de compreensão dos textos que foram escritos para ser estudados e não para ser simplesmente lidos, como se fossem puras "lições de leitura". O vocabulário sozinho não resolve as tuas dificuldades. Tu tens de trabalhar para compreender o próprio vocabulário.

Não é por acaso que o primeiro tema tratado no *Segundo Caderno de Cultura Popular* é o ato de estudar, apresentado em duas partes, como ocorre com a maioria deles, entre os quais alguns são discutidos em três partes. Parecia necessário começar este *Caderno* provocando um debate em torno do ato de estudar cuja significação pudesse ser apreendida do relato de uma estória simples e de trama provável.

O ATO DE ESTUDAR

A

Tinha chovido muito toda a noite. Havia enormes poças de água nas partes mais baixas do terreno. Em certos lugares a terra, de tão molhada, tinha virado lama. Às vezes, os pés apenas escorregavam nela. Às vezes, mais do que escorregar, os pés se atolavam na lama até acima dos tornozelos. Era difícil andar. Pedro e Antônio estavam transportando numa camioneta cestos cheios de cacau para o sítio onde deveriam secar. Em certa altura, perceberam que a camioneta não atravessaria o atoleiro que tinham pela frente. Pararam. Desceram da camioneta. Olharam o atoleiro, que era um problema para eles. Atravessaram os dois metros de lama, defendidos por suas botas de cano longo. Sentiram a espessura do lamaçal. Pensaram. Discutiram como resolver o problema. Depois, com a ajuda de algumas pedras e de galhos secos de árvores, deram ao terreno a consistência mínima para que as rodas da camioneta passassem sem se atolar. Pedro e Antônio estudaram. Procuraram compreender o problema que tinham a resolver e, em seguida, encontraram uma resposta precisa.

Não se estuda apenas na escola.

Pedro e Antônio estudaram enquanto trabalhavam. Estudar é assumir uma atitude séria e curiosa diante de um problema.

O ATO DE ESTUDAR

B

Esta atitude séria e curiosa na procura de compreender as coisas e os fatos caracteriza o ato de estudar. Não importa que o estudo seja feito no momento e no lugar do nosso trabalho, como no caso de Pedro e Antônio, que acabamos de ver. Não importa que o estudo seja feito noutro local e noutro momento, como o estudo que fazemos no Círculo de Cultura. Em qualquer caso, o estudo exige sempre esta atitude séria e curiosa na procura de compreender as coisas e os fatos que observamos.

Um texto para ser lido é um texto para ser estudado. Um texto para ser estudado é um texto para ser interpretado. Não podemos interpretar um texto se o lemos sem atenção, sem curiosidade; se desistimos da leitura quando encontramos a primeira dificuldade. Que seria da produção de cacau naquela roça se Pedro e Antônio tivessem desistido de prosseguir o trabalho por causa do lamaçal?

Se um texto às vezes é difícil, insiste em compreendê-lo. Trabalha sobre ele como Antônio e Pedro trabalharam em relação ao problema do lamaçal.

Estudar exige disciplina. Estudar não e fácil porque estudar é criar e recriar é não repetir o que os outros dizem.

Estudar é um dever revolucionário!

Parecem óbvias as preocupações que este texto sobre o ato de estudar revela — a de combater, por exemplo, a posição ideológica, por isso mesmo nem sempre explicitada, de que só se estuda na escola. Daí que seja ela, a escola, considerada, deste ponto de vista, como *a* matriz do conhecimento. Fora da escolarização não há saber ou o saber que existe fora dela é tido como inferior sem que tenha nada que ver com o rigoroso saber do intelectual. Na verdade, porém, este saber tão desdenhado, "saber de experiência feito", tem de ser o ponto de partida em qualquer trabalho de educação popular orientado no sentido da criação de um conhecimento mais rigoroso por parte das massas populares.

Enquanto expressão da ideologia dominante, este mito penetra as massas populares provocando nelas às vezes autodesvalia por se sentirem gente de nenhuma ou de muito pouca "leitura".[19]

Se faz preciso, então, enfatizar a atividade prática na realidade concreta (atividade a que nunca falta

---

19. A autodesvalia tende a ser superada por um sentimento de segurança e confiança na medida em que largos setores populares, mobilizando-se em torno de reivindicações que lhes são fundamentais, se organizam para concretizá-las. A partir daí se sabem sabendo e exigem saber mais.

Mesmo em situações como esta, como em parte, pelo menos, é o caso de São Tomé e Príncipe, propor uma reflexão sobre o tema é indispensável.

uma dimensão técnica, por isso, intelectual,[20] por mais simples que seja) como geradora de saber. O ato de estudar, de caráter social e não apenas individual, se dá aí também, independentemente de estarem seus sujeitos conscientes disto ou não. No fundo, o ato de estudar, enquanto ato curioso do sujeito diante do mundo, é expressão da forma de estar sendo dos seres humanos, como seres sociais, históricos, seres fazedores, transformadores, que não apenas sabem mas sabem que sabem.

É necessário salientar também que esta curiosidade séria em face do objeto ou do fato em observação, ao exigir de nós a compreensão do objeto, que não deve ser só descrito em sua aparência, nos leva à procura da razão de ser do objeto ou do fato.

Uma outra preocupação que se encontra neste texto sobre o ato de estudar e acompanhar o *Caderno*

---

20. "(...) en cualquier trabajo físico aunque se trate del más mecánico y degradado, siempre existe un mínimo de calidad técnica, o sea un mínimo de actividad intelectual creadora." Gramsci, Antonio. *Cuadernos de la Cárcel: los intelectuales y la organización de la cultura*. México, D. F.: Juan Pablos Editor, 1975, p. 14.

inteiro é a que se refere ao direito que o Povo tem de conhecer melhor o que já conhece em razão de sua prática (compreensão mais rigorosa dos fatos parcialmente apreendidos e explicados) e de conhecer o que ainda não conhece.

Neste processo, não se trata propriamente de entregar ou de transferir às massas populares a explicação rigorosa ou mais rigorosa dos fatos como algo acabado, paralisado, pronto, mas contar, estimulando e desafiando, com a capacidade de fazer, de pensar, de saber e de criar das massas populares.

"Se está persuadido de que una verdad es fecunda", diz Gramsci, "sólo cuando se ha hecho un esfuerzo para conquistarla. Que ella no existe en si y por si, sino que ha sido una conquista del espíritu, que en cada individuo es preciso que se reproduzca aquel estado de ansiedad que ha atravesado el estudioso antes de alcanzarla. (...)

Este representar en acto a los oyentes la serie de esfuerzos, los errores y los aciertos a través de los cuales han pasado los hombres para alcanzar el conocimiento actual, es mucho más educativo que la exposición esquemática de este mismo conocimiento. (...)

La enseñanza, desarrollada de esa manera, se convierte en un acto de liberación."[21]

O próximo tema tratado é a

RECONSTRUÇÃO NACIONAL

A

A reconstrução nacional é o esforço no qual o nosso Povo está empenhado para criar uma sociedade nova. Uma sociedade de trabalhadores. Mas, repara, se dissemos que temos de criar a sociedade nova é porque ela não aparece por acaso. Por isso, a reconstrução nacional é a luta que continua.

Produzir mais nas roças e nas fábricas, trabalhar mais nos serviços públicos é lutar pela reconstrução nacional. Ninguém em São Tomé e Príncipe tem o direito de cruzar os braços e esperar que os outros façam as coisas por ele.

Sem produção nas roças e nas fábricas, sem trabalho dedicado nos serviços públicos, não criaremos a nova sociedade.

---

21. Gramsci, Antonio, citado por Broccoli, Angelo. *In: Antonio Gramsci y la educación como hegemonía*. México: Editorial Nueva Imagen S. A., 1979. p. 47.

RECONSTRUÇÃO NACIONAL

B

Vimos, no texto anterior, que produzir mais nas roças, nas fábricas e trabalhar mais nos serviços públicos é lutar pela reconstrução nacional. Vimos também que a reconstrução nacional, para nós, significa a criação de uma sociedade nova, sem explorados nem exploradores. Uma sociedade de trabalhadores e de trabalhadoras. Por isso, a reconstrução nacional exige de nós:

Unidade,

Disciplina,

Trabalho e

Vigilância.

— *Unidade* de todos, tendo em vista um mesmo objetivo: A CRIAÇÃO DE UMA SOCIEDADE NOVA.
— *Disciplina* na ação, no trabalho, no estudo, na vida diária. Disciplina consciente, sem a qual nada se faz, nada se cria. Disciplina na unidade, sem a qual se perde o trabalho.
— *Trabalho.* Trabalho nas roças. Trabalho nas fábricas. Trabalho nos serviços públicos. Trabalho nas escolas.

— *Vigilância,* muita vigilância, contra os inimigos internos e externos, que farão tudo o que puderem para deter a nossa luta pela criação da nova sociedade.

Um texto, por mais simples que fosse, colocando o problema da reconstrução nacional e jogando com as palavras unidade, disciplina, trabalho e vigilância, pareceu absolutamente necessário. Obviamente, o tema da reconstrução nacional ou da reinvenção da sociedade são-tomense se impõe pela sua atualidade.

O jogo feito com as palavras unidade, disciplina, trabalho e vigilância foi introduzido para, aproveitando estas palavras que aparecem em grande número de *slogans,* apresentá-las num texto dinâmico preservando ou recuperando a sua significação mais profunda, ameaçada pelo caráter acrítico dos clichês. Ficou claro, desde o começo da Segunda Parte deste artigo, que não era intenção minha transcrever nela todo o *Segundo Caderno de Cultura Popular,* mas alguns de seus textos em consonância com afirmações feitas na Primeira Parte.

Eis mais um deles:

TRABALHO E TRANSFORMAÇÃO DO MUNDO[22]

A

Pedro e Antônio derrubaram uma árvore. Tiveram uma prática. A atividade prática dos seres humanos tem finalidades. Eles sabiam o que queriam fazer ao derrubar a árvore. Trabalharam. Com instrumentos, não só derrubaram a árvore mas a desbastaram, depois de derrubá-la. Dividiram o grande tronco em pedaços ou toros, que secaram ao sol. Em seguida, Pedro e Antônio serraram os troncos e fizeram tábuas com eles. Com as tábuas, fizeram um barco. Antes de fazer o barco, antes mesmo de derrubarem a árvore, eles já tinham na cabeça a forma do barco que iam fazer. Eles já sabiam para que iam fazer o barco. Pedro e Antônio trabalharam. Transformaram

---

22. A leitura e discussão deste texto num dos cursos de pós-graduação que coordeno na PUC provocou análises e observações realmente interessantes por parte dos participantes. "Nunca se deve perder de vista", disse um deles, Cristiano Amaral Giorgi, "algo essencial para a proposta educativa: que o ponto inicial de discussão seja o trabalho tal como de fato é percebido e interpretado pelo grupo de trabalhadores envolvidos no processo.

"Assim, a ideia de transformação humana, no transformar-se a natureza através do trabalho, é percebida pelo trabalhador rural como claramente consistente com o que vê de sua ação.

"A percepção do trabalhador urbano, especialmente do setor terciário, não é necessariamente a mesma. A discussão deve, neste caso, ser apresentada em novos termos, incluindo uma série de mediações outras."

com o seu trabalho a árvore e fizeram com ela um barco. É trabalhando que os homens e as mulheres transformam o mundo e, transformando o mundo, se transformam também.

TRABALHO E TRANSFORMAÇÃO DO MUNDO

B

Pedro e Antônio fizeram o barco com as tábuas. Fizeram as tábuas com os pedaços do tronco da árvore grande que derrubaram.

Quando a árvore grande foi dividida em pedaços, deixou de ser árvore. Quando os pedaços do tronco viraram tábuas, deixaram de ser pedaços de troncos. Quando Pedro e Antônio construíram o barco com as tábuas, elas deixaram de ser tábuas. Viraram barco.

A árvore pertence ao mundo da natureza. O barco, feito por Antônio e Pedro, pertence ao mundo da cultura, que é o mundo que os seres humanos fazem com o seu trabalho criador.

O barco é cultura.

A maneira de utilizar o barco é cultura.

A dança é cultura.

TRABALHO E TRANSFORMAÇÃO DO MUNDO
C

O trabalho que transforma nem sempre dignifica os homens e as mulheres. Só o trabalho livre nos dá valor. Só o trabalho com o qual estamos contribuindo para a criação de uma sociedade justa, sem exploradores nem explorados, nos dignifica.

Na época colonial, o nosso trabalho não era livre. Trabalhávamos para os interesses dos colonialistas que nos exploravam. Eles se apropriaram das nossas terras e da nossa força de trabalho e enriqueceram à nossa custa. Quanto mais ricos ficavam eles, tanto mais pobres ficávamos nós. Eles eram a minoria exploradora. Nós éramos a maioria explorada. Hoje, somos independentes. Já não trabalhamos para uma minoria. Trabalhamos para criar uma sociedade justa. Temos muito o que fazer ainda.

Quanto à introdução à gramática se fez, até esta altura e com apoio nos textos vistos, um estudo simples mas bastante completo dos verbos.

A LUTA DE LIBERTAÇÃO

A

O MLSTP[23] guiou a luta de libertação do nosso Povo.

O PAIGC guiou a luta de libertação do Povo da Guiné e Cabo Verde.

O MPLA, Partido do Trabalho, guiou a luta de libertação do Povo angolano.

A FRELIMO guiou a luta de libertação do Povo de Moçambique.

A independência de todos nós, Povo de São Tomé e Príncipe, guineenses, caboverdianos, angolanos e moçambicanos, não foi presente dos colonialistas. A nossa independência resultou da luta dura e difícil. Luta da qual todos nós participamos, como Povos oprimidos, buscando a libertação. Cada um desses Povos travou a luta que pôde lutar, e a soma das suas lutas derrotou os colonialistas.

---

23. MLSTP — Movimento de Libertação de São Tomé e Príncipe. PAIGC — Partido Africano para a Independência da Guiné e Cabo Verde. (A tentativa de unidade entre a Guiné e Cabo Verde, sugerida no próprio nome do Partido, foi rompida a partir de novembro de 1980 com as alterações políticas que se verificavam na Guiné-Bissau.)

MPLA — Movimento para a Libertação de Angola.

Frelimo — Frente de Libertação de Moçambique.

A nossa luta na África foi decisiva para a vitória do Povo português contra a ditadura que o dominava. Sem a nossa luta, não teria havido o 25 de abril em Portugal.

Mas a nossa luta não foi feita contra nenhuma raça nem contra o Povo português. Lutamos contra o sistema de exploração colonialista, contra o imperialismo, contra todas as formas de exploração.

A reconstrução nacional é a continuação desta luta, para a criação de uma sociedade justa.

Ponto importante sobre que refletir, constantemente, na discussão do problema da luta de libertação e da reconstrução nacional é o da posição das massas populares como sujeito, também, da sua história. O da sua presença política atuante, o da sua voz no processo da própria reconstrução, a que fiz referência na Primeira Parte deste trabalho.

A LUTA DE LIBERTAÇÃO

B

O sacrifício da nossa luta contra o colonialismo seria inútil se a nossa independência significasse apenas a substituição dos

colonialistas por uma minoria privilegiada nacional. Se fosse assim, o nosso Povo continuaria explorado pelas classes dominantes dos países imperialistas através da minoria nacional. Por isso é que a reconstrução nacional significa para nós a criação de uma sociedade nova, uma sociedade de trabalhadores e de trabalhadoras, sem explorados nem exploradores. Não deixemos para amanhã o que podemos fazer hoje.
A Luta continua!

Sociedade nova, homem novo, mulher nova, todas estas eram — e continuam a ser — expressões incorporadas à linguagem da transição revolucionária. Parecia, como continua a me parecer, importante chamar a atenção para o fato de que o surgimento da sociedade nova — como do homem novo e da mulher nova — não resulta de um ato mecânico.

A sociedade nova é partejada, não aparece por decreto ou automaticamente.

E o parto, que é processo, é sempre mais difícil e complexo do que simples e fácil.

A SOCIEDADE NOVA

O que é uma sociedade sem exploradores nem explorados? É a sociedade em que nenhum homem, nenhuma mulher, nenhum grupo de pessoas, nenhuma classe explora a força de trabalho dos outros. É a sociedade em que não há privilégios para os que trabalham com a caneta e só obrigações para os que trabalham com as mãos, nas roças e nas fábricas. Todos são trabalhadores a serviço do bem de todos.

Não se cria uma sociedade assim da noite para o dia. Mas é preciso que o Povo comece a ter na cabeça, hoje, esta forma de sociedade, como Pedro e Antônio tinham na cabeça, antes de derrubar a árvore, a forma do barco que fizeram. Estás a recordar-te de como Pedro e Antônio fizeram o barco?

Derrubaram uma árvore. Desbastaram a árvore. Cortaram o seu tronco em pedaços ou toros. Com os pedaços, fizeram tábuas e com as tábuas fizeram o barco. Mas, antes mesmo de derrubar a árvore, Pedro e Antônio já tinham na cabeça a forma do barco que iam fazer e já sabiam para que iam fazer o barco. Pedro e Antônio trabalharam, transformaram a natureza.

Para fazer a sociedade nova, precisamos também de trabalhar, precisamos de transformar a sociedade velha que ainda temos. É mais fácil, sem dúvida, fazer o barco do que criar a nova sociedade. Mas, se Pedro e Antônio fizeram o barco, o povo de São Tomé e Príncipe, com unidade, disciplina, trabalho e vigilância, criará a nova sociedade, com a sua vanguarda, o MLSTP.

No próximo texto se volta a insistir mais uma vez, de um lado, em que não há absolutização da ignorância e, do outro, em que o Povo tem o direito de saber melhor o que já sabe e de saber o que ainda não sabe.

NINGUÉM IGNORA TUDO
NINGUÉM SABE TUDO

Ninguém ignora tudo. Ninguém sabe tudo. Todos nós sabemos alguma coisa. Todos nós ignoramos alguma coisa.
Pedro, por exemplo, sabe colher cacau muito bem. Aprendeu, na prática, desde menino, como colher a cápsula do cacau sem estragar a árvore. Basta olhar e Pedro já sabe se a cápsula está em tempo de ser colhida. Mas Pedro não sabe imprimir jornal.

Antônio aprendeu, na prática, desde muito cedo, como se deve trabalhar para imprimir jornal. Antônio sabe imprimir jornal, mas não sabe colher cacau. Colher cacau e imprimir jornal são práticas igualmente necessárias à reconstrução nacional.

Os conhecimentos que Pedro ganhou da prática de colher cacau não bastam. Pedro precisa conhecer mais. Pedro tem o direito de conhecer mais. Pedro pode conhecer mais. A mesma coisa podemos dizer de Antônio. Os conhecimentos que Antônio ganhou da prática de imprimir jornal não bastam. Antônio precisa conhecer mais. Antônio tem o direito de conhecer mais. Antônio pode conhecer mais. Estudar para servir ao Povo não é só um direito mas também um dever revolucionário.

Vamos estudar!

TRABALHO MANUAL — TRABALHO INTELECTUAL

Os homens e as mulheres trabalham, quer dizer, atuam e pensam. Trabalham porque fazem muito mais do que o cavalo que puxa o arado a serviço do homem. Trabalham porque se tornaram capazes de prever, de programar, de dar finalidades ao próprio trabalho. No trabalho, o ser humano usa o corpo inteiro. Usa as suas mãos e a sua capacidade de pensar. O corpo humano é um corpo consciente. Por isso, está errado separar o que se chama trabalho manual do que se chama trabalho intelectual. Os trabalhadores das fábricas e os trabalhadores das roças são intelectuais também. Só nas sociedades em que menospreza o maior uso das mãos em atividades práticas, colher cacau ou imprimir jornal são práticas consideradas inferiores.

Na sociedade que estamos criando, não separamos a atividade manual da intelectual. Por isso, as nossas escolas serão escolas do trabalho. Os nossos filhos e as nossas filhas aprenderão, desde cedo, trabalhando. Vai chegar um dia em que, em São Tomé e Príncipe, ninguém trabalhará para estudar nem ninguém estudará para trabalhar, porque todos estudarão ao trabalhar.

A PRÁTICA NOS ENSINA

Não podemos duvidar de que a nossa prática nos ensina. Não podemos duvidar de que conhecemos muitas coisas por causa de nossa prática. Não podemos duvidar, por exemplo, de que sabemos se vai chover ao olhar o céu e ver as nuvens com uma certa cor. Sabemos até se é chuva ligeira ou tempestade a chuva que vem.

Desde muito pequenos aprendemos a entender o mundo que nos rodeia. Por isso, antes mesmo de aprender a ler e a escrever palavras e frases, já estamos "lendo", bem ou mal, o mundo que nos cerca. Mas este conhecimento que ganhamos de nossa prática não basta. Precisamos de ir além dele. Precisamos de conhecer melhor as coisas que já conhecemos e conhecer outras que ainda não conhecemos. Seria interessante se os camaradas escrevessem numa folha de papel algumas das coisas que gostariam de conhecer. Faríamos um outro Caderno tratando os assuntos que os camaradas e as camaradas nos sugerissem. Estudar é um dever revolucionário!

O PROCESSO PRODUTIVO

A

A madeira para as tábuas com que se fazem portas, janelas, mesas e barcos se acha, em seu estado bruto, nas árvores das florestas. O ferro de fazer martelos, enxadas, foices se acha, em seu estado bruto, debaixo da terra.

Os seres humanos, com o seu trabalho, transformam as *matérias brutas*, fazendo com elas *matérias-primas*. As *matérias brutas* (como o ferro debaixo da terra, como a madeira nas árvores) e as *matérias-primas* (como o ferro já trabalhado e a madeira já preparada) se chamam *objetos de trabalho*.

A terra a ser preparada para o cultivo do arroz é um *objeto de trabalho*.

As árvores a serem derrubadas para com elas se fazerem tábuas são *objetos de trabalho*.

As tábuas a serem transformadas em mesas, cadeiras, portas e janelas são *objetos de trabalho*.

O PROCESSO PRODUTIVO

B

Para transformar a *matéria bruta* em *matéria-prima* e para produzir algo com a *matéria-prima*, precisamos de instrumentos. Precisamos de máquinas, de ferramentas variadas, de transporte. Estas coisas de que precisamos para produzir, isto é, os instrumentos, as ferramentas, as máquinas, os transportes, se chamam *meios de trabalho*.

O conjunto das *matérias brutas*, das *matérias-primas* e os *meios de trabalho* se chamam *meios de produção*.

Assim, são meios de produção de uma roça:
— as terras de cultivo,

— as matérias brutas,

— as matérias-primas,

— os instrumentos, as ferramentas, os transportes.

O PROCESSO PRODUTIVO

C

Já vimos que, se não fosse o trabalho humano, a árvore não se transformaria em tábuas nem o ferro, em estado bruto, viraria lâmina. Isso tudo se faz por causa do trabalho humano, por causa da força de trabalho.

Os meios de produção e os trabalhadores constituem o que se chama forças produtivas de uma sociedade.

A produção resulta da combinação entre os meios de produção e a força de trabalho. Para compreender uma sociedade é importante saber de que modo se organiza o seu processo produtivo. É preciso saber como se combinam os meios de produção e a força de trabalho. É preciso saber a natureza das relações sociais que se dão na produção: se são relações de exploração ou se são relações de igualdade e de colaboração entre todos.

Na época colonial, as relações sociais de produção eram de exploração. Por isto, tinham de ser violentas. Os colonialistas se apoderavam dos meios de produção e de nossa força de trabalho. Eram donos absolutos das terras, das matérias brutas, das matérias-primas, das ferramentas, das máquinas, dos transportes e da força de trabalho dos trabalhadores. Nada escapava ao seu poder e ao seu controle. Quando falamos, hoje, em reconstrução nacional para criar uma sociedade nova, estamos falando de uma sociedade realmente diferente. De uma sociedade em que as relações sociais de produção já não serão de exploração, mas de igualdade e colaboração entre todos.

No texto seguinte se volta a falar no caráter não mecanicista da transformação social.

A AÇÃO DE TRANSFORMAR

Estamos nesta sala. Aqui funciona um Círculo de Cultura. A sala está organizada de uma certa maneira. As cadeiras, a mesa, o quadro-negro, tudo ocupa um certo lugar na sala. Há cartazes nas paredes, figuras, desenhos. Não seria difícil para nós organizar a sala de forma diferente. Se sentíssemos necessidade de fazer isto, em pouco tempo, juntos, poderíamos mudar completamente a posição das cadeiras, da mesa, do quadro-negro. A reorganização da sala, em função das novas necessidades reconhecidas, exigiria de nós um pouco de esforço físico e o trabalho em comum. Deste modo, transformaríamos a velha organização da sala e criaríamos uma nova, de acordo com outros objetivos.

Reorganizar a sociedade velha, transformá-la para criar a nova sociedade não é tão fácil assim. Por isso, não se cria a sociedade nova da noite para o dia, nem a sociedade nova aparece por acaso. A nova sociedade vai surgindo com as transformações profundas que a velha sociedade vai sofrendo.

Seguem-se dois textos que tratam do problema da cultura e da identidade cultural, tema da mais alta importância, sobretudo numa sociedade até bem pouco ainda colônia.

POVO E CULTURA

Os colonialistas diziam que somente eles tinham cultura. Diziam que antes da sua chegada à África nós não tínhamos História. Que a nossa História começou com a sua vinda. Estas afirmações são falsas, são mentirosas. Eram afirmações necessárias à prática espoliadora que exerciam sobre nós. Para prolongar ao máximo a nossa exploração econômica, eles precisavam tentar a destruição da nossa identidade cultural, negando a nossa cultura, a nossa História.

Todos os Povos têm cultura, porque trabalham, porque transformam o mundo e, ao transformá-lo, se transformam.

A dança do Povo é cultura.

A música do Povo é cultura, como cultura é também a forma como o Povo cultiva a terra. Cultura é também a maneira que o Povo tem de andar, de sorrir, de falar, de cantar, enquanto trabalha.

O calulu[24] é cultura como a maneira de fazer o calulu é cultura, como cultural é o gosto das comidas. Cultura são os instrumentos que o Povo usa para produzir. Cultura é a forma como o Povo entende e expressa o seu mundo e como o Povo se compreende nas suas relações com o seu mundo. Cultura é o tambor que soa pela noite adentro. Cultura é o ritmo do tambor. Cultura é o gingar dos corpos do Povo ao ritmo dos tambores.

A DEFESA DA NOSSA CULTURA

Uma das preocupações do nosso Movimento e do nosso Governo é a defesa da nossa cultura. Por isso, o Presidente Pinto da Costa disse: "Ao liquidarmos a cultura colonial, temos

---

24. Um prato à base do azeite de dendê. Pode ser feito com galinha, peixe ou mão de vaca.

de criar no nosso país uma cultura nova, baseada nas nossas tradições. Esta cultura nova que iremos criar no nosso país aproveitará os aspectos positivos das nossas tradições, banindo todos os aspectos negativos da mesma. Naturalmente que a nova cultura não deve fechar as portas às influências positivas das culturas estrangeiras. Ela estará aberta à cultura de todos os outros povos, mas preservando sempre o seu cunho nacional". Para isso, precisamos de produzir, precisamos de criar e de recriar. Precisamos de estudar sem esmorecer. Precisamos de desenvolver a ciência e a técnica. Não podemos parar ao primeiro obstáculo que encontrarmos.

A preocupação em torno de uma forma crítica de pensar volta a manifestar-se nos dois textos sobre

PENSAR CERTO

A

A nossa finalidade principal ao escrever os textos deste Caderno é desafiar os camaradas e as camaradas a pensarem certo. Que queremos dizer com desafiar os camaradas e as camaradas a pensar certo? Desafiar é um verbo[25] que significa não só

---

25. Os verbos foram estudados desde o começo do *Caderno*.

chamar para a luta, mas também problematizar, quer dizer, pôr problemas, estimular, provocar.

Assim como na alfabetização não nos interessa ensinar ao Povo um puro be-a-bá, não nos interessa também, na pós-alfabetização, transferir ao Povo frases e textos para ele ir lendo sem entender. A reconstrução nacional exige de todos nós uma participação consciente e a participação consciente, em qualquer nível da reconstrução nacional, exige ação e pensamento. Exige prática e teoria sempre em unidade. Não há prática sem teoria nem teoria sem prática.

Pensar certo significa procurar descobrir e entender o que se acha mais escondido nas coisas e nos fatos que nós observamos e analisamos. Descobrir, por exemplo, que não é o "mau-olhado" o que está fazendo Pedrinho triste, mas a verminose.

Não será, portanto, somente com as benzeduras que devolvemos a alegria a Pedrinho, mas com a orientação médica.

Volta, agora, aos textos anteriores do teu Caderno. Em casa, quando tenhas um tempo disponível, lê um, lê outro. Pensa bem em cada linha, em cada afirmação e procura entender melhor o que já leste.

PENSAR CERTO

B

Pensar certo, descobrir a razão de ser dos fatos e aprofundar os conhecimentos que a prática nos dá não são um privilégio de alguns mas um direito que o Povo tem, numa sociedade revolucionária. O nosso Governo, de acordo com a orientação política do nosso Movimento, vem procurando atender a este direito do nosso Povo. Ao lado da reorientação do modo de produzir, ao lado do estímulo à produção, o nosso Governo se preocupa com a educação sistemática do Povo.

Tenta agora um exercício, procurando pensar certo. Escreve, numa folha de papel, como tu vês este problema:

"A educação das crianças e dos adultos, depois da Independência do nosso país, pode ser igual à educação que tínhamos antes da Independência?"

Se pensas que pode ser igual, deves dizer por quê.

Se pensas que não pode, deves dizer por quê.

Se, para ti, a educação atual deve ser diferente da educação que tínhamos antes da Independência, aponta alguns aspectos da diferença.

Parece interessante agora, antes de concluir este trabalho com a transcrição de mais alguns textos, fazer considerações em torno de um ou dois pontos, pelo menos, no campo do estudo da língua e da linguagem.

Nesse *Caderno*, a introdução à gramática não ultrapassa a análise das chamadas categorias gramaticais, nunca, porém, feita de maneira formal ou mecânica.

Pelo contrário, sempre dinamicamente.

Uma das preocupações nossas, considerando a necessidade que terão — e que seria funesto se não viessem a ter — os participantes dos círculos de pós--alfabetização de ler documentos do Movimento, de ler o jornal *A Revolução*, de ler documentos oficiais do Governo etc., era introduzir o uso do pronome relativo *que*. A razão desta necessidade está em que é exatamente este pronome um dos que possibilitam o emprego muito comum, e às vezes até abusivo, no discurso não popular, das orações intercaladas.

Quanto mais estas orações distanciam o sujeito da oração principal de seu verbo, tanto menos fácil fica a compreensão do discurso. Não é assim, na verdade, que falam os grupos populares. Diante desta constatação, não me parece que se deva simplesmente esquecer o fato, mas instrumentar os grupos populares para que dominem esta forma de linguagem que revela outra estrutura de pensar que não a sua.

Assim, na página 51 do Caderno se diz:

Entre outros tipos de pronomes, vamos conhecer agora mais um, muito importante. Mas vamos conhecê-lo com exemplos.
O livro que *comprei é bom.*
Observa: antes da palavra *que*, nós temos a palavra *livro*. *Livro*, como sabes, é um substantivo masculino, comum, singular.
Se agora substituíres a palavra *que* por *o qual*, verás que o sentido do pensamento é o mesmo. Tanto faz dizer *O livro que eu comprei é bom* como *O livro o qual eu comprei é bom.*

Outro exemplo:

A roça que *visitei é bonita.*
Neste exemplo, antes da palavra *que* temos a palavra *roça*. *Roça*, como tu sabes, é um substantivo comum, feminino, singular.
Se agora substituíres a palavra *que*, que vem depois de roça,

por *a qual*, verás que o sentido do pensamento é o mesmo. Tanto faz dizer *A roça que eu visitei é bonita* como *A roça a qual eu visitei é bonita.*

Presta atenção: todas as vezes que a palavra *que* pode ser substituída por: *o qual, a qual, os quais, as quais,* a palavra *que* é pronome.

Outros exemplos:

O texto que *eu li é bom.*
Compreendi as páginas que *escreveste.*
A roça que *produz mais é esta.*

Na página 53 do Caderno:

Vamos aprender a usar a palavra *cujo*, outro pronome muito importante.

Vejamos alguns exemplos:

1. O menino *cujo* pai chegou de Angola é este.
2. Venho de uma roça *cuja* produção de cacau este ano é muito elevada.
3. O Círculo de Cultura *cujos* participantes mais trabalharam recebeu uma carta de estímulo do Camarada Presidente.

4. Trabalhamos seriamente na leitura deste Livro, *cujas* páginas mais difíceis recebem profunda atenção.

No primeiro exemplo, *cujo* é igual a *do qual*.

Observa como não se altera em nada o sentido da frase substituindo-se *cujo* por *do qual*:

O menino do qual o pai chegou de Angola é este.

No segundo exemplo, *cuja* é igual a *da qual*, por causa do substantivo roça, feminino, que vem antes:

Venho da roça da qual *a produção* etc.

No terceiro exemplo, *cujos* é igual a *do qual*, por causa de Círculo de Cultura:

O Círculo de Cultura do qual *os participantes mais trabalharam* etc.

No quarto exemplo, *cujas* é igual a *do qual*, por causa de Livro:

Trabalhamos seriamente na leitura deste Livro do qual *as páginas* etc.

Agora, uma série de exemplos com o pronome *que* constituindo orações adjetivas.

Aqui temos dois montes de palavras com sentido completo:

Comprei hoje este livro. Ele é bom.

O primeiro monte de palavra é:

Comprei hoje este livro.

O segundo monte de palavras é:

Ele é bom.

Organizando agora de forma diferente estes montes de palavras, podemos dizer o mesmo que dissemos antes. Para este efeito, vamos usar o pronome *que*, que já conhecemos.

Repara como vai ficar:

Este livro que comprei hoje é bom.

Outro exemplo:

Estes homens participaram ativamente no trabalho voluntário. Eles acabam de chegar felizes da roça.

De novo, temos dois montes de palavras. Primeiro monte:

Estes homens participaram ativamente no trabalho voluntário.

Segundo monte:

Eles acabam de chegar felizes da roça.

Vamos ver agora como podemos dizer o mesmo com o pronome *que*:

Estes homens, que participaram ativamente no trabalho voluntário, acabam de chegar felizes da roça.

Mais outro exemplo:

Os camaradas se defenderam do tétano. Os camaradas estavam vacinados contra ele.

Primeiro monte de palavras:

Os camaradas se defenderam do tétano.

Segundo monte de palavras:

Os camaradas estavam vacinados contra ele.

Agora com o pronome *que:*

Os camaradas, que se defenderam do tétano, estavam vacinados contra ele.

Vejamos agora os últimos textos que, somando-se aos que já foram transcritos, nos dão uma visão geral do *Caderno*.

A AVALIAÇÃO DA PRÁTICA

Não é possível praticar sem avaliar a prática. Avaliar a prática é analisar o que se faz, comparando os resultados obtidos com as finalidades que procuramos alcançar com a prática. A avaliação da prática revela acertos, erros e imprecisões. A avaliação corrige a prática, melhora a prática, aumenta a nossa eficiência. O trabalho de avaliar a prática jamais deixa de acompanhá-la.

As camaradas e os camaradas têm uma prática neste Círculo de Cultura. Trabalham com o animador cultural, seguem um programa com vistas a certos fins. Estão no Círculo de Cultura envolvidos na prática de ler cada vez melhor, de interpretar o que leem, de escrever, de contar, de aumentar os conhecimentos que já têm e de conhecer o que ainda não conhecem. A reconstrução nacional precisa de que o nosso Povo conheça mais e melhor a nossa realidade. Nosso Povo precisa de preparar-se para dar solução a nossos problemas. A Comissão Coordenadora dos Círculos de Cultura Popular é o setor do Ministério de Educação encarregado de organizar, de preparar, de planejar e de executar uma parte de nossa política educacional. A que se desenvolve, com os adultos, nos Círculos de Cultura. A Comissão Coordenadora não pode deixar, assim, de avaliar a prática que se dá nestes Círculos. Mas os camaradas devem também avaliar a sua própria prática. Devem examinar constantemente os avanços que estão dando e procurar vencer as dificuldades que encontram. Se os camaradas analisarem sua própria prática estarão participando com o camarada animador e com a Comissão Coordenadora na procura de melhores instrumentos de trabalho.

> A prática precisa da avaliação
> como os peixes precisam de água
> e a lavoura da chuva.

PLANIFICAÇÃO DA PRÁTICA

Já vimos que não há prática sem avaliação. Mas a prática exige também seu planejamento. Planejar a prática significa ter uma ideia clara dos objetivos que queremos alcançar com ela. Significa ter um conhecimento das condições em que vamos atuar, dos instrumentos e dos meios de que dispomos. Planejar a prática significa também saber com quem contamos para executá-la. Planejar significa prever os prazos, os diferentes momentos da ação que deve estar sempre sendo avaliada. Podemos planejar a curto prazo, a médio prazo e a longo prazo. Às vezes a avaliação nos ensina que, se os objetivos que tínhamos eram corretos, os meios que escolhemos não eram os melhores. Às vezes, percebemos também, através da prática da avaliação, que os prazos que havíamos determinado não correspondiam às nossas reais possibilidades.

Todas as atividades do nosso país precisam de ir sendo cada vez melhor planejadas e executadas.

Que seria da nossa economia se, chegado o momento da primeira colheita do cacau, não estivéssemos organizados para fazê-la? O cacau se perderia e seria um desastre para todos. É importante que o nosso Povo entenda cada vez mais a necessidade de avaliar a sua prática e a necessidade de participar nos planos da reconstrução nacional.

O HOMEM NOVO E A MULHER NOVA

O homem novo e a mulher nova não aparecem por acaso. O homem novo e a mulher nova vão nascendo na prática da reconstrução revolucionária da sociedade. Mas, de qualquer maneira, podemos pensar em algumas qualidades que caracterizam o homem novo e a mulher nova. O compromisso com a causa do Povo, com a defesa dos interesses do Povo é uma destas qualidades. A responsabilidade no cumprimento do dever, não importa a tarefa que nos caiba, é um sinal do homem novo e da mulher nova. O sentido da correta militância política, na qual vamos aprendendo a superar o individualismo, o egoísmo, é um sinal, também, do homem novo e da mulher nova. A defesa intransigente da nossa autonomia, da liberdade que conquistamos marca igualmente o homem novo e a mulher nova. O sentido da solidariedade, não somente com o nosso Povo, mas também com todos os Povos que lutam pela sua libertação, é outra característica do homem novo e da mulher nova. Não deixar para fazer amanhã o que se pode fazer hoje e fazer cada dia melhor o que devemos fazer é próprio do homem novo e da mulher nova. Participar, conscientemente, nos esforços da reconstrução nacional é um dever que o homem novo e a mulher nova exigem de si mesmos. Estudar, como um dever revolucionário, pensar certo, desenvolver a curiosidade diante da realidade a ser melhor conhecida, criar e recriar, criticar com justeza e aceitar as críticas construtivas, combater as atividades antipopulares são características do homem novo e da mulher nova.

Participando mais e mais na luta pela reconstrução nacional, vamos fazer nascer em nós mesmos o homem novo e a mulher nova.

O HOMEM NOVO, A MULHER NOVA E A EDUCAÇÃO

Uma das qualidades mais importantes do homem novo e da mulher nova é a certeza que têm de que não podem parar de caminhar e a certeza de que cedo o novo fica velho se não se renovar. A educação das crianças, dos jovens e dos adultos tem uma importância muito grande na formação do homem novo e da mulher nova. Ela tem de ser uma educação nova também, que estamos procurando pôr em prática de acordo com as nossas possibilidades. Uma educação completamente diferente da educação colonial. Uma educação pelo trabalho, que estimule a colaboração e não a competição. Uma educação que dê valor à ajuda mútua e não ao individualismo, que desenvolva o espírito crítico e a criatividade, e não a passividade. Uma educação que se fundamente na unidade entre a prática e a teoria, entre o trabalho manual e o trabalho intelectual e que, por isso, incentive os educandos a pensar certo.

Uma educação que não favoreça a mentira, as ideias falsas, a indisciplina. Uma educação política, tão política quanto qualquer outra educação, mas que não tenta passar por neutra. Ao proclamar que não é neutra, que a neutralidade é impossível, afirma que a sua política é a dos interesses do nosso Povo.

Com o último texto, que fecha *o Caderno*, parece que posso também concluir este trabalho, sem mais comentários.

Camarada,
Chegaste ao fim deste segundo Caderno de Cultura Popular. Esperamos que tenhas gostado da experiência que ele te proporcionou. A experiência de aumentar os conhecimentos que já tinhas, por causa de tua prática, antes mesmo de aprenderes

a ler e a escrever; a experiência de consolidar e aprofundar, em grupo, os conhecimentos que obtiveste na primeira fase de teus estudos e a de ganhar outros conhecimentos. A experiência de discutir mais organizadamente um maior e variado número de temas, a partir da leitura de textos. Mas, sobretudo, esperamos que tenhas percebido a importância de pensar certo, de refletir. Esperamos que tenhas percebido que a nossa tarefa revolucionária não poderia ser a de simplesmente dar informações. A nossa tarefa revolucionária exige de nós não apenas informar corretamente mas também formar. Ninguém se forma realmente se não assume responsabilidades no ato de formar-se. O nosso Povo não se formará na passividade, mas na ação sempre em unidade com o pensamento. Daí a nossa preocupação em jamais sugerir aos camaradas que memorizassem mecanicamente as coisas. Daí a nossa preocupação em desafiar os camaradas a pensar, a analisar a realidade. Esta é a orientação que caracteriza todos os Cadernos de Cultura Popular que os camaradas estão conhecendo e os que virão a conhecer.

Posfácio: Freirear

por Terezinha Azerêdo Rios

Freirear

Mia Couto afirmou em uma ocasião que *ler* é um verbo insuficiente para designar a aproximação com a obra de João Guimarães Rosa. Na esteira da palavra do escritor moçambicano, julgo que entrar em contato com a vida e a obra de Paulo Freire, assim como acompanhar sua rica trajetória, é, na verdade, algo mais do que ler. Ao ouvir sua palavra, ao entrar em contato com suas ideias, ao partilhar essas ideias em nossos espaços de convivência, o que fazemos é mergulhar num denso universo de "aprendimentos e ensinações", realizando um exercício muito peculiar que merece uma denominação especial, um verbo próprio para designá-lo. O que fazemos é *freirear*. Peço licença, então, para chamar a atenção à *importância do ato de freirear*.

E já anuncio: freirear não é seguir Paulo Freire. Walter Kohan nos faz lembrar de algo dito pelo educador em uma de suas obras: "(...) sempre digo que a única maneira que alguém tem de aplicar, no seu contexto, algumas das proposições que fiz é exatamente refazer-me, quer dizer, não seguir-me. Para seguir-me, o fundamental é não seguir-me". Assim, quando freireamos, estamos nos propondo a atender à provocação de Paulo, de ir com ele por trilhas que a todo momento solicitam nossa atenção no sentido de rever, repensar, renovar ideias, crenças, sentimentos, ações sobre a realidade.

Num belo documentário dirigido por Joaquim Assis, em 1973, intitulado Ó *xente, pois não*, recolhem-se depoimentos de trabalhadores rurais do município de Salgadinho, próximo de Garanhuns, em Pernambuco. Um dos trabalhadores, em um momento do filme, diz: "Eu tenho 54 anos, e nesses 54 anos já vivi muito mais do que 54 vidas". Penso que poderíamos dizer de Paulo Freire algo semelhante. Lá se foi ele, aos 76 anos, tendo vivido muito mais que 76 vidas; e cá estamos nós a celebrar muito mais do que 100 vidas de Paulo! Múltiplas vidas, de que ele relembra momentos no primeiro texto deste livro. Múltiplas propostas que se encontram expostas nos outros dois textos que o compõem.

Cada um se aproxima da vida e da obra de Paulo de um jeito particular. Cada um freireia estimulado por necessidades, desejos, identificações com as provocações que o pensador nos traz. Mas há algo em comum nos gestos dos que freireiam: a proximidade com as marcas de uma forma de estar no mundo – com o mundo e com os outros – específicas de uma pessoa crítica, alegre, generosa, transgressora, amorosa, aberta à vida. E mais: preocupada essencialmente com a construção de uma educação libertadora, emancipadora, uma escola verdadeiramente pública e democrática, ideia-chave do pensamento de Freire.

Bell hooks, professora e escritora norte-americana, escreveu um livro intitulado *Ensinando a transgredir: a educação como prática da liberdade*. O subtítulo já aponta a influência das ideias de Paulo Freire no trabalho. Numa entrevista incluída no livro, bell traz um depoimento que revela uma marca importante de Freire: "Nosso encontro teve aquela qualidade de doçura que continua, que perdura por toda a vida; mesmo que você nunca mais fale com a pessoa, nunca mais lhe veja o rosto, sempre pode voltar, em seu coração, àquele momento em que vocês estiveram juntos e ser renovado – é uma solidariedade profunda".

Solidariedade: marca de disponibilidade, de abertura ao outro. De levar sua palavra e estar disposto a ouvir a do outro. Ler o mundo é escutar a palavra do mundo – "palavramundo", denominou Freire. A escuta anda muito rara nestes tempos pandêmicos que vivemos, especialmente no Brasil. Estamos vivendo numa civilização desescutadora, como afirma Christian Dunker. Fica mais reduzido, então, o espaço para o verdadeiro diálogo. "Escutar", diz Dunker, "toma tempo. Tempo e generosidade com o outro para dilucidar os mal-entendidos". Paulo Freire era um escutador, atento aos problemas à sua volta, teimosamente empenhado em encontrar alternativas para sua superação.

Vale retomar o que ele escreveu em 1971, no exílio, e que Nita Freire reproduziu em *Pedagogia dos sonhos possíveis*:

> "Nosso discurso diferente
> – nossa palavração – será dito
> por nosso corpo todo:
> nossas mãos, nossos pés, nossa reflexão.
> (...) Se emudecermos ao se calarem
> as mentiras atuais
> novas mentiras surgirão,
> em nome de nossa libertação.
> Nosso discurso diferente
> – nossa palavração –
> como discurso verdadeiro,
> se fará e re-fará;
> jamais é ou terá sido,
> porque sempre estará sendo."

Neste tempo de educação maltratada, de cidadania machucada, é importante freirear, para levar adiante as indagações que Paulo trouxe a cada momento no trabalho que desenvolveu nos diversos espaços, nas conversas com amigos, discípulos, companheiros de luta. Para enfrentar os desafios que se encontram em cada esquina do Brasil, do mundo. E para esperançar, acreditando na palavração coletiva, democrática.

Freireemos, celebrando Paulo, nas suas cento e muitas vidas.

Terezinha Azerêdo Rios
São Paulo, julho de 2021

Referências

DUNKER, Christian. *Paixão da ignorância* – A escuta entre psicanálise e educação. São Paulo: Editora Contracorrente, 2020.

FREIRE, Paulo. *Pedagogia dos sonhos possíveis*. Organização e apresentação de Ana Maria Araújo Freire. São Paulo: Editora Unesp, 2001.

HOOKS, BELL. *Ensinando a transgredir*: a educação como prática da liberdade. São Paulo: Editora WMF Martins Fontes, 2017.

KOHAN, Walter. *Paulo Freire, mais do que nunca*: uma biografia filosófica. Belo Horizonte: Vestígio, 2019.

Biografia de Paulo Freire

Paulo Reglus Neves Freire, educador e filósofo brasileiro, nasceu em 18 de setembro de 1921, no Recife (PE). Seu pai, Joaquim Temístocles Freire, era capitão da Polícia Militar de Pernambuco, e sua mãe, Edeltrudes Neves Freire (conhecida como dona Tudinha), era dona de casa. Teve dois irmãos, Armando e Temístocles, e uma irmã, Stela.

Formou-se em Direito, mas nunca exerceu a profissão, optando pelo Magistério. Em 1963, em Angicos (RN), coordenou um programa que alfabetizou trezentos adultos em pouco mais de um mês. No governo do ex-presidente João Goulart (1961-1964), esteve à frente do Plano Nacional de Alfabetização.

Com o golpe civil-militar de 31 de março de 1964, que perseguiu intelectuais, políticos, jornalistas, professores e religiosos, foi preso por setenta dias. Pediu asilo na Embaixada da Bolívia, em setembro de 1964. Após o golpe militar nesse país, mudou-se para o Chile, onde foi consultor da Organização das Nações Unidas para a Educação, a Ciência e a Cultura (Unesco) e assessor do Ministério da Educação Chileno, exercendo as funções até abril de 1969. Posteriormente, foi morar em Cambridge, Massachusetts, onde lecionou como professor visitante na Universidade de Harvard, até fevereiro de 1970. Em seguida, mudou-se para Genebra, Suíça, para trabalhar no Departamento de Educação do Conselho Mundial de Igrejas, em que auxiliou nas reformas educacionais das colônias portuguesas da África e organizou planos de alfabetização em países africanos, como Tanzânia, Guiné-Bissau, Cabo Verde, São Tomé e Príncipe, Angola e Moçambique.

No final da década de 1970, a ditadura civil-militar entrou em crise e os anseios da população brasileira por liberdade e anistia para os perseguidos políticos fizeram o regime militar aprovar a Lei da Anistia (Lei n. 6.683, de 28 de agosto de 1979).

Paulo Freire retornou ao Brasil em 1980, lecionando na Pontifícia Universidade Católica de São Paulo (PUC-SP) e na Universidade de Campinas (Unicamp).

Entre 1989 e 1991, foi secretário municipal de Educação de São Paulo na gestão da prefeita Luiza Erundina. Seu livro *Pedagogia do oprimido* (Paz e Terra), publicado originalmente em 1970 em inglês e espanhol, só foi publicado no Brasil em 1974. Essas e outras obras estão traduzidas em mais de quarenta idiomas.

Ele foi agraciado com mais de 36 títulos de *Doutor Honoris Causa* (sendo seis *in memoriam*), em universidades dos Estados Unidos, além de países da Europa, das Américas Central e do Sul, incluindo o Brasil. Em 1986, a Unesco reconheceu seus esforços pela Educação com o Prize for Peace Education.

Pela Cortez Editora, foram publicados *Educação e atualidade brasileira* (3. ed., 2003). *Pedagogia: diálogo e conflito* (8. ed., 2008) e o importante livro *Paulo Freire: uma biobibliografia* (2006, organizado por Moacir Gadotti, Cortez-IPF-Unesco).

Foi casado com Elza Maia Costa de Oliveira, de 1944 a 1986 (até o falecimento desta), e com Ana Maria Araújo, de 1988 a 1992. É o patrono da Educação Brasileira desde 13 de abril de 2012, pela Lei n. 12.612. Faleceu em 2 de maio de 1997, na cidade de São Paulo, em decorrência de um ataque cardíaco.

*Uma das qualidades mais importantes
do homem novo e da mulher nova (...)*

(...) é a certeza que têm de que não podem parar de caminhar e a certeza de que cedo o novo fica velho se não se renovar. A educação das crianças, dos jovens e dos adultos tem uma importância muito grande na formação do homem novo e da mulher nova. Ela tem de ser uma educação nova também (...). Uma educação pelo trabalho, que estimule a colaboração e não a competição. Uma educação que dê valor à ajuda mútua e não ao individualismo, que desenvolva o espírito crítico e a criatividade, e não a passividade. Uma educação que se fundamente na unidade entre a prática e a teoria, entre o trabalho manual e o trabalho intelectual e que, por isso, incentive os educandos a pensar certo. (...) que não favoreça a mentira, as ideias falsas, a indisciplina.

Paulo Freire

Esta obra foi composta em Adriane Text
e impressa na cidade de São Paulo para a Cortez Editora
para o centenário de nascimento de Paulo Freire
em setembro de 2021